大和日記

YAMATO DIARY

小林賢伍

KENGO KOBAYASHI

盧慧心、蔡宜玲——譯

【大和・倭・やまと】

日本的古稱，也代表日本特有的事物。

自古以來「大和」被視為太陽升起的地方，
因此以「日本」為名。

這片寧靜的、
與時代的巨輪共同前進的大地上，
充斥著令人眼花繚亂的驟變。
這是一首連電影也訴說不了、
關於人與天災之間的史詩，
細細描繪出今日的日本。

世界由許多事物交織而成。
我們的生命
也與時代一同編織出其中的經緯，
而其中那如絲線般的「聲音」則是為了留給後世，
等待回響。

宛如初見，
大和之東。

攝影師 ・ 旅行作家
小林賢伍

【大和・倭・やまと】

日本特有の事物であることを表す、日本の古称。

かつて大和は、日の本（ひのもと）、
そして「日本」へと引き継がれた。

時代と共に
この静かなる大地にも
目まぐるしい変化が起きる。
映画でも描けないほどの物語を人や天災が、
この国を作り上げてきたのだ。

世界はまるで大きな織物。
私たちは
時代を繋げる結び目、
そして、その糸のような「声」が
後世へと響いている。

はじめまして
東の大和

写真家 ・ 旅行作家
小林賢伍

目次 CONTENTS

東 の 大 和　YAMATO EAST

大和絕景 123 選
WITH AMAZING VIEWS · THE BEST 123 OF YAMATO EAST

中部地方｜CHUBU REGION

愛知県｜靜岡県｜山梨県｜長野県｜岐阜県｜福井県｜石川県｜富山県｜新潟県

中部地圖 48 選

関東地方｜KANTO REGION

群馬県｜埼玉県｜東京都｜神奈川県｜千葉県｜茨城県｜栃木県

関東地圖 44 選

東の北海道

AINU MOSIR·HOKKAIDO

大地絕景 17 選

THE LAND OF SILENCE · THE BEST 17 OF HOKKAIDO

北海道地方 | HOKKAIDO REGION

北海道

北海道地圖 17 選

東の山岳 MOUNTAIN · YAMA

山岳絕景 13 選

PLACES WHERE SPIRITS LIVE · THE BEST 13 MOUNTAINS OF EASTERN JAPAN

靈的居所 | SPIRITS REGION

東京都｜茨城県｜群馬県｜埼玉県｜神奈川県｜宮城県｜千葉県｜北海道｜青森県

山岳地圖 13 選

東北地方
TOHOKU REGION

AOMORI
青森県

AKITA
秋田県

IWATE
岩手県

YAMAGATA
山形県

MIYAGI
宮城県

中部地方
CHUBU REGION

FUKUSHIMA
福島県

NIIGATA
新潟県

ISHIKAWA
石川県

TOYAMA
富山県

GUNMA
群馬県

TOCHIGI
栃木県

FUKUI
福井県

GIFU
岐阜県

NAGANO
長野県

SAITAMA
埼玉県

IBARAKI
茨城県

YAMANASHI
山梨県

SHIZUOKA
静岡県

TOKYO
東京都

CHIBA
千葉県

AICHI
愛知県

KANAGAWA
神奈川県

關東地方
KANTO REGION

北海道
HOKKAIDO REGION

WESTERN JAPAN

東日本

中部地方
CHUBU REGION

關東地方
KANTO REGION

東北地方
TOHOKU REGION

北海道地方
HOKKAIDO REGION

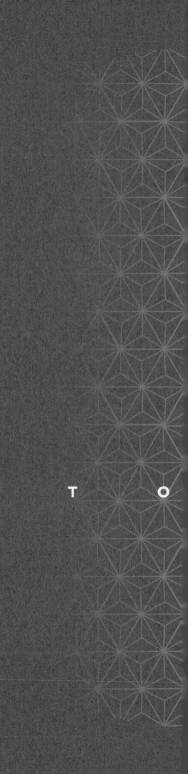

YAMATO

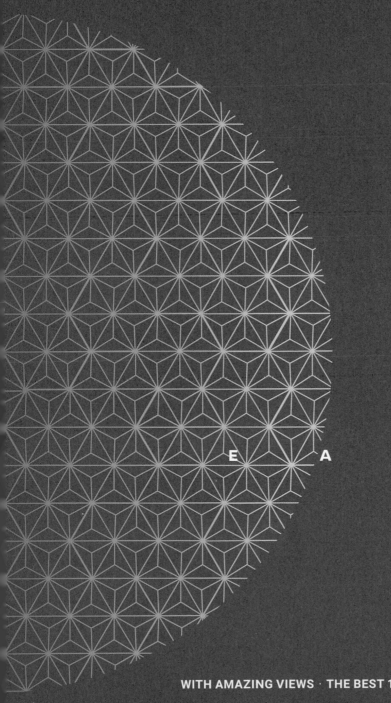

東の大和

E A S T

大和絶景 123 選

WITH AMAZING VIEWS · THE BEST 123 OF YAMATO EAST

CHUBU REGION

中部

愛知県　静岡県　山梨県　長野県　岐阜県
福井県　石川県　富山県　新潟県

INDEX **NO.1-NO.48**

白山宮　1
Hakusangu

腳不方便或是受傷的人可以來
「白山宮」參拜。離開名古屋市
中心，來到白山宮所在的日進市，
田園景色映入眼簾。白山宮附近
沒有高聳建物，只有靜謐的自然
環境。

白山宮主要供奉的是掌管結緣的
菊理姬命。白山宮拜殿旁，主要
使用木材打造而成的「足王社」，
不只外觀十分上鏡，也因供奉著
足腰之神，吸引不少足球選手和
球迷在重要的國際賽事前來參
拜，而被暱稱為足球神社。位在
建物內側的「洞穴參道」，營造
出如同陽光自林木間灑落般的夢
幻空間。順著參道前進，會看到
彷彿隱身建物內的「除痛石」，
據說觸摸「除痛石」再摸自己身
上疼痛的地方，就能治癒疼痛。
腳對旅行來說很重要，我也祈求
神明保佑旅途平安。

八事山 興正寺
Yagotosan Koshoji

2

以 2014 年完成的大佛與建於 1808 年的五重塔的新組合，展現出吸引力的「八事山興正寺」，每月中有數天是「緣日」＊，當天會有各種攤位齊聚的市集，讓寺院內熱鬧滾滾。想更深入學習的人，也可邊聽寺院內的導覽，順便參加約 2 小時的「干支成滿巡禮」，欣賞寺院內的十二地支守護神。寺院內的庭園「普門園」，隨季節變化展現不同風貌，令人流連忘返。

八事山興正寺設於江戶時代初期，而五重塔建於江戶時代中期，但塔前的大佛是在平成時代安座，這樣的情景也只有在現代才能一睹。漫步興正寺院內，充分感受這是反映不同時代的世道，隨著歲月累積更增風韻，傳承昔日優良傳統、文化的所在。

● 豆知識

・何謂緣日？
這是指與神社、寺廟供奉的神佛與俗世結緣的日子，而據說在緣日參拜會得到更多神佛的保佑。很多人會選擇在緣日前往神社、寺廟參拜，因此参拜步道兩旁會有人擺攤或是形成市集。

浄財

犬山城
Inuyamajo

3

地名中有「犬」字，放眼日本全國也算稀奇的
「犬山」市，位在愛知縣北邊、緊鄰岐阜縣，
自古以來，就以地處交通、貨物運輸和政治的
重要樞紐而繁榮發展。位於犬山市區的犬山城，
其「天守閣」（城郭建築最頂端的部分）是日
本歷史最悠久的木造天守，為日本國寶。這次

介紹的照片，是從犬山城 4 樓遠眺的景色。犬山城建於斷崖狀的丘陵之上，如此的
地形條件為城郭構成天然守護，讓犬山城成為易守難攻的堡壘。而像犬山城這樣經
歷戰亂和天災等考驗，天守仍維持築城當時樣貌的城堡，可說是極其珍貴，也成為
傳承後世的重要文化資產。

4

愛知県名古屋市西区則武新町 3-1-17

イオンモール名古屋
ノリタケの森・蔦屋書店
Aeonmail Nagoya Noritake Garden ·
Tsutaya Book Store

永旺夢樂城名古屋則武之森 · 蔦屋書店

永旺夢樂城（イオンモール）旗下位於名古屋的
「則武之森」購物中心內的「蔦屋書店」分店，
是目前人氣超高、能拍攝網路美照的新景點。利
用天花板鏡面反射形成的空間挑高錯覺，讓僅 1
層樓高的書牆看似有如 2 層樓高的巨大書架。這
個購物商場與名古屋車站相距不遠，步行約 10
分鐘左右可達，若時間允許，切莫錯過！

大室山
Mt. Omuro

5

這裡就是日本的抹茶山！大室山是因距今約 4,000 年前的噴發而形成，有著缽狀火
山口的火山。此地傳承 700 多年的「燒山」傳統活動，讓大室山維持如同飯碗倒扣
的形狀。為保護山的形狀，遊客只能乘坐吊椅登頂。遇到好天氣，從山頂可瞭望伊
豆半島東部火山群構築而成的多元地形，以及富士山和城之崎海岸的風景。山上的

草木顏色會隨著季節變化，若在寒冷季節造訪，眼前是一片金黃。但到了春天，整座山會染上如抹茶色般的遍地翠綠。這是伊東值得一訪的景點！因水豚泡露天溫泉而聞名的「伊豆仙人掌動物公園」，就近在咫尺。

地址與店名字都請再確認

静岡県伊東市八幡野 1031-25 DOG ペンション R65 一階

6

伊豆高原ジェラート工房 R65
Izukogen Gelato R65

伊豆高原義式冰淇淋工房 R65

位在充滿綠意的靜岡縣伊東市，2022 年新開幕的義式冰淇淋專賣店「伊豆高原義式冰淇淋工房」，以傳達靜岡在地食材的豐富多元為概念，選用完全無農藥栽培和遵行自然農法的素材，製作美味的義式冰淇淋。這家店採線上訂購，可指定送達時段，住在東京的我也能在下單後數天內，收到來自靜岡的美味冰品，所以即使是從臺灣來日本旅遊的遊客，也有機會在旅途期間內品嚐。

品嚐過所有口味後，我推薦兩種，分別是「岩成製茶的焙茶義式冰淇淋」和「脆脆堅果＆肉桂牛奶義式冰淇淋」。前者是和持續 30 年以上採用無農藥栽培的製茶專家合作的冰品；後者是嚐一口就能感受到，瀰漫於齒頰之間的肉桂和堅果的迷人香氣。位在同地點，由一家人經營的「狗狗歐式渡假屋 R65」，也值得留意。

7

静岡県伊豆市修善寺 1031-1

修善寺 / 竹林の小径
Shuzenji / Bamboo Forest Path

修善寺地區的竹林小徑

伊豆的修善寺地區一帶是夏目漱石等文豪曾投宿停留的溫泉鄉，其中具代表性的景點「修善寺」是弘法大師在西元 807 年開設的佛寺。流經修善寺前方的修善寺川，以其俗稱桂川為當地人熟知，川邊則保留了野外溫泉和旅館林立的獨特景觀。來到與修善寺相距不遠的「竹林小徑」，身處高聳翠綠竹林中，讓人不由得想坐下歇歇腿喘口氣。

修善寺地區不只街景所散發出的氛圍，與其「伊豆小京都」的別名相呼應，此地與鎌倉幕府權力鬥爭牽扯的歷史，也堪稱京都等級。

静岡県御殿場市神山丸嶽落合 1920-9

8 箱根スカイライン
Hakone Skyline
箱根天空道

「箱根天空道」全長僅 5 公里，是連結御殿場和箱根的付費汽車專用道。但這裡也是能飽覽絕景的兜風路線。道路兩旁有幾處停車場，和接連不斷的富士山觀景點。

⚠ **注意事項**

禁止 125 cc 以下的機車、電動腳踏車和自行車等通行。

9

碧テラス
Ao Terrace

碧色露台

「可輕鬆抵達的絕景」是我喜愛的旅遊金句。這當中具代表性的，莫過於觀景台「碧色露台」。搭上全長約 1,800 公尺的空中纜車，碧海藍天和富士山旋即躍入眼簾。來到碧色露台，更能飽覽伊豆長岡恬靜的田園風光，甚至是國市地區街景的 360 度全景。

Ao terrace

碧 (あ)(お) テラス

伊豆パノラマパーク

此處也有用餐區，不論哪個時段造訪，都能享受美食與絕景。欣賞風景後，也別忘前往碧色露台後方的遊憩區走走逛逛。除此之外，這裡還有山頂觀景台、兒童也能玩的野外運動區、神社、面向富士山的免費溫泉泡腳池等豐富多樣的設施。敲響位在終點的幸福之鐘，心情有如達成目標般的滿足。

地　址
ADDRESS　山梨県南都留郡山中湖村山中 1650

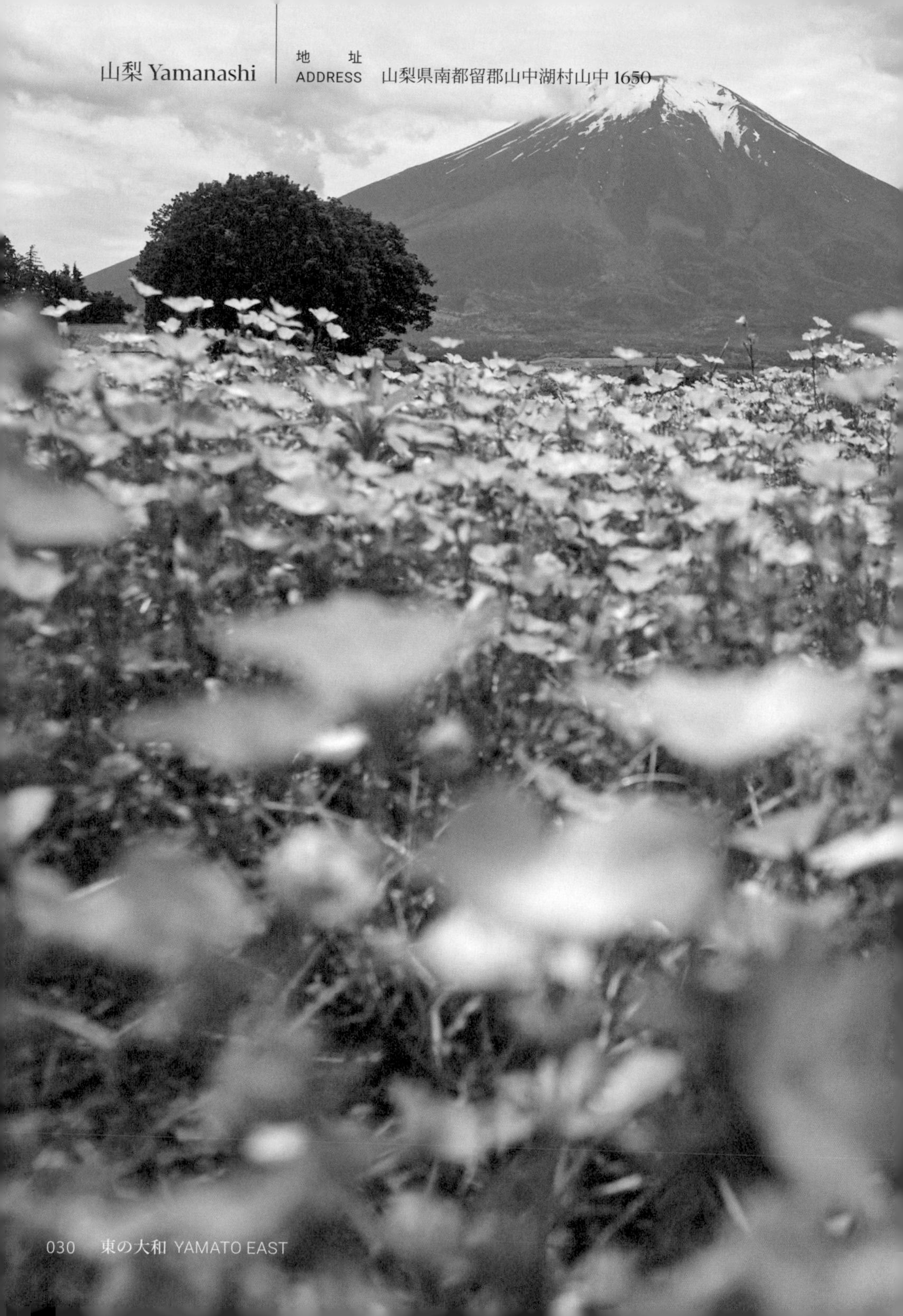

山中湖 花の都公園
Yamanakako Hananomiyako Flower Park

10

山中湖 花之都公園

位在海拔 1,000 公尺高原的「山中湖 花之都公園」是母親央求我,一定要帶她去的
景點。占地廣達 30 萬平方公尺的公園內有著種類豐富、隨季節變換展現出不同風
貌的花田,遠處則是雄偉的富士山,不論從哪個角度拍照,都能擷取花與山爭豔的
美景。春天有鬱金香盛開、剛入夏的時候可欣賞粉蝶花、白芥、矢車菊、滿天星、
罌粟花,夏天則迎來太陽鳳仙、百日菊、向日葵花季,到了秋天又能見到波斯菊等
花海迎風搖曳。造訪山中湖時,不妨來此一遊。端坐花田旁,母親看似心滿意足的
身影,給我留下深刻印象。這是我想推薦給要表達孝心的旅人,務必造訪的景點。

山梨 Yamanashi | 地　址 ADDRESS　山梨県富士吉田市下吉田 3 丁目 6-12

11 富士みち（本町通り）　富士道（本町街）
Fujimichi （Honchodori）

說起拍攝富士山，我想每個人都有「最適合拍攝富士山的私房地點」，而從這次介紹的地點，使用望遠鏡頭取景，就能將宛如穿越時空回到昭和年代的街景，和巨大的富士山一併收入鏡頭中。取景位置雖無確切的名稱，但這條彷彿可窺見 1950 年代後半至 1960 年代前期紡織產業興盛期榮景的商店街，是「本町 3 丁目商榮會」。有興趣的人不妨來這裡發掘自己的私房攝影點。另外，也推薦大家務必造訪附近的「本町 2 丁目商店街」，以及與此相距不遠，經典日本風景的最佳拍攝景點「新倉山淺間公園（忠靈塔）」。

　東の大和 YAMATO EAST

12

弥三郎岳（昇仙峡）
Yasaburotake（Shosenkyo）

彌三郎岳（昇仙峡）

這是無法推薦給有懼高症者的景點。「彌三郎岳」山頂因位在從富士山延伸而出的龍脈上，故而成為昇仙峡一帶數一數二的能量景點。昇仙峡被譽為日本最美的溪谷，設有空中纜車與登山步道，吸引不少登山客造訪。夏天有草木新芽嫩綠美景，秋天則是滿山楓紅，四季各有不同風貌，而站在彌三郎岳山頂的巨岩上，飽覽富士山、甲府盆地、白砂山、南阿爾卑斯山、金峰山與荒川水壩的 360 度絕景，絕對讓人心靈為之淨化，感到療癒。只不過要先做好心理準備，再踏上這段追尋美景之路，建議出發前慎選旅伴。

●● 豆知識

・棲身於彌三郎岳的酒神

彌三郎岳山頂附近有個小型神祠，供奉著名為「彌三郎權現」的酒神。據傳，很久以前羅漢寺裡有位擅長釀酒，名叫彌三郎的雜役。貪杯的彌三郎常因喝酒過量而誤事。某天遭羅漢寺的住持警告，彌三郎遂飲盡 18 公升的酒，發誓日後滴酒不沾。未料當天夜裡，彌三郎竟化為天狗，從山頂消失無蹤。這就是彌三郎岳名稱的由來。

長野 Nagano　｜　地　址
ADDRESS　長野県北安曇郡白馬村北城 12056

白馬山觀景平台

Hakuba Mountain Harbor

若在每年 10 月下旬到 11 月上旬，來
到長野縣白馬岩岳山頂的「Hakuba
Mountain Harbor」，就能欣賞到山
頂積雪、山腰紅葉和山腳綠樹的三層
景色。欲知確切時期，可至白馬村觀
光局網站查詢。「Hakuba Mountain
Harbor」是 2018 年才開設的新設施，
讓人重新見識長野縣山林迷人之處。
從海拔約 1,200 公尺的觀景台，可眺
望壯闊的北阿爾卑斯山，也有咖啡廳
及空中鞦韆（需付費）等遊憩設施。
有機會造訪白馬村時，不妨來此一探
究竟。

白糸の滝
Shiraito no taki

14

白絲瀑布

水自高處平直流下，形狀有如日本商家掛在門口的店名布簾般的「白絲瀑布」，是輕井澤數一數二的景觀。源自淺間山的地下水從岩石間的縫隙中湧出，再流瀉而下形成的瀑布，範圍廣大，放眼望去，視線所及皆是水之簾幕，不分晴雨都叫造訪者為之驚豔。因瀑布水流看似絲絹而有白絲瀑布之名，既然如此，也讓人想在照片中完整呈現這樣的風貌。不論是用單眼相機還是手機，拍照的重點都是拉長相機的快門開啟時間，設定為 10 秒左右，再將相機固定於腳架或使手機固定不動，接著按下快門或拍照按鈕。這就是拍出水流殘影的小祕訣。

15

遠山郷の下栗の里
Toyamago no Shimoguri no sato

遠山鄉的下栗之里

長野縣遠山鄉的「下栗之里」，地處海拔 800 到 1,000 公尺左右的山區，民宅與旱田散布在傾斜角度最大可達 38 度的山坡上，居民在這裡過著自給自足的生活。純樸的田園風光不僅吸引電視廣告拍攝團隊前來取景，而此地傳承 800 餘年的霜月祭，更是激發動畫大師宮崎駿創作《神隱少女》的靈感來源。這次拍攝的照片是從「天空之里觀景點（瞭望台）」取景。這裡真不愧是長野縣的新祕境。

16

長野県塩尻市奈良井

奈良井宿
Narai juku

「奈良井宿」曾是江戶時代的驛站,位於當時連結江戶(現在的東京)與京都的中山道上。中山道是江戶時代各地藩主為執勤而往來江戶與領地時,頻繁利用的路線。奈良井宿北邊是海拔 1,197 公尺、中山道上地勢險竣的鳥居峠(峠是指穿越山脈的山路最高處),而這樣的地理位置讓奈良井宿成為眾多旅人歇腳留宿之地,也造就了此地的繁榮。櫛比鱗次的木造建築南北綿延約 1 公里,是日本長度最長的驛站,也因為保留相當規模的傳統建物而獲指定為重要傳統建物群保存區。

17

明神池（上高地）
Myojinike（Kamikochi）

從河童橋往上游走，約莫1小時便能抵達神明居住的「明神池」。明神池就位在穗高神社奧宮占地區域內，因而有「神池」之名。不僅如此，明神池水澄澈，清楚映照四周的景色，也被譽為「鏡池」。明神湖是海拔2,931公尺的明神岳表層崩落的土石，堵住明神澤形成的堰塞湖。源自明神岳的伏流水（地下水的一種）不斷湧出，使得明神池入冬也不會結冰，一整年不分四季皆保有如夢似幻的景色。穗高神社奧宮供奉的穗高見命，被奉為日本阿爾卑斯山脈、交通安全和百工百業的守護神，或許是穗高見命的力量，讓明神池被視為擁有強大靈氣和能量的能量景點，而這只有造訪此地的人才能親身感受、體驗。

大正池（上高地）
Taishoike（Kamikochi）

18

大正池是在 1915 年（大正 4 年），因位於乘鞍火山帶上唯一的活火山——燒岳噴發而形成。大正池的美不遜於同樣位在上高地的河童橋，是火山大國日本孕育出的知名大自然美景勝地。身處海拔 1,490 公尺的澄澈空氣中，當四周環繞白樺林，樹身部分沒入池中的林木倒映在池面的景色映入眼簾，任誰都會深受感動。不論是清晨時分的霧靄迷濛，還是入夜後的滿天星斗，大正池的日與夜都美得難以言喻。即便上高地限制自用汽車進入，在調整行程時間上或有難度，仍擋不住人們想一窺大正池美景的欲望。

岐阜 Gifu

地址 ADDRESS 岐阜県関市板取 440-1

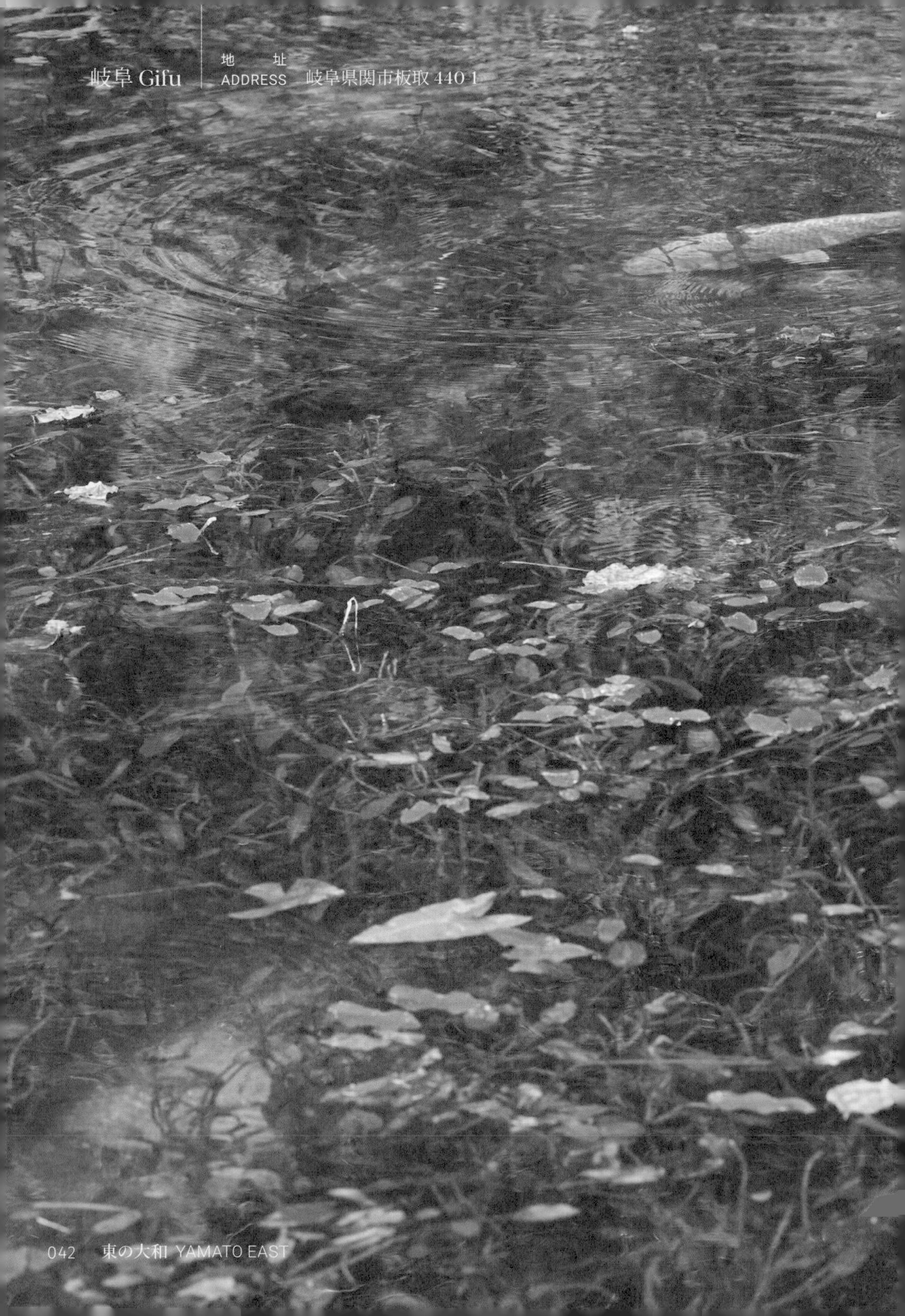

19

モネの池
Mone no ike

莫內之池

「莫內之池」是在根道神社旁的水池。池中的水是自然湧出的地下水，透明度高，綻放於池中的睡蓮和悠游池中的錦鯉，有種超現實的美，讓人想起莫內的代表作《睡蓮池》。每到初夏睡蓮花開時節，便有來自日本各地的人造訪。

● 豆知識

莫內之池攝影重點

・池水透明度高，拍出來的照片會呈現不可思議又美麗的池水顏色。
・建議在上午 10 點前到，可以避開觀光巴士旅遊團的人潮，安靜地拍照。
・最美的季節是睡蓮花開的初夏 6 月底～ 8 月初左右。

岐阜県下呂市湯之島 680

温泉寺
Onsenji

溫泉寺

從溫泉街爬 173 階的石階才能抵達的「溫泉寺」，位在下呂溫泉的台地上，供奉的是藥師如來。根據當地的傳說，下呂溫泉在鎌倉時代（1265 年）突然停止湧出，隔年有村民發現每天都有一隻白鷺停在飛驒川畔，村民好奇向前查看，發現白鷺停駐之處湧出溫泉，而那隻白鷺隨後振翅高飛，最後停在中根山山腰的松樹上，松樹下便出現了藥師如來像。這就是溫泉寺的起源。

21 下呂プリン
Gero Pudding

下呂布丁

因下呂溫泉的「下呂」發音為「GERO」,與日文形容青蛙叫聲的狀聲詞有諧音之妙,「下呂布丁」就用了這樣的幽默創意,以青蛙作為主視覺。這家布丁專賣店內用區的設計,讓人聯想起大眾澡堂,充滿懷舊氛圍,與店內供應的「古早味」布丁相映成趣,令人感受到老闆的用心。店家不惜成本,選用當地的下呂牛乳和馬達加斯加島出產的最高級香草籽製成自豪的布丁,是無與倫比的美味。

22

雞醬專賣店杉之子

鶏ちゃん専門店杉の子
Chicken Specialty Shop Suginoko

「雞醬」是下呂地區知名的在地美食。我在雞醬專賣店「杉之子」品嚐的雞醬料理,是店家用從創業當時堅守至今且不外傳的特製醬汁拌雞腿肉,再和高麗菜一起於成吉思汗鐵鍋上拌炒。為避免美食變焦,必須自己動手,幸好有店員親切指導,也讓我留下體驗型美食的印象。這家店除了雞醬之外,還有下呂生蒟蒻切片和飛驒牛味噌燒等豐富多樣的在地料理,令人大為滿足。

岐阜県高山市桜町 178

櫻山八幡宮
Sakurayama Hachimangu

23

「櫻山八幡宮」內設有筆塚，據說撫摸石
碑上的筆塚字樣，再把毛筆供養於此，毛
筆字會寫得更漂亮。被譽為日本三大美祭
之一的高山祭，是每年春季和秋季舉行的
祭典，而秋之高山祭正是櫻山八幡宮固定
在 10 月舉辦的「八幡祭」。從遠處便可望
見的大型檜木鳥居，是櫻山八幡宮的特徵
之一。櫻山八幡宮內高聳參天的杉樹和全
部使用檜木打造的拜殿，不愧是位在總面
積有 8 成以上是森林的岐阜縣的神社。

24 金乃こって牛
Kin No Kotteushi

岐阜県高山市上二之町 76

金乃 Kotte 牛

「飛驒 Kotte 牛」是飛驒高山老街上，長長排隊人龍格外引人注目的飛驒牛握壽司專門店。這次介紹的是它的姐妹店「金乃 Kotte 牛」。這家現在是飛驒高山的高級散步美食，也是能拍出社群網站上吸睛美照的景點，因而深受歡迎。使用 A5 等級飛驒牛的握壽司等餐點，都是店家在反覆嘗試錯誤後，找出味道平衡點的極致美味。

25

岐阜県高山市末広町 58

みかど

高山市鄉土料理餐廳

Mikado Restaurant

岐阜縣地處日本國土中央，而位在岐阜縣的北半邊，四周有險峻山脈環繞的飛驒地區，自古以來即是東西南北各方文化匯聚交融之處。飛驒地區包含高山市、飛驒市、下呂市和白川村。這次我要介紹的除了前幾點景點的所在地——因溫泉和美食聞名的「下呂市」，還有方便前往白川鄉的「高山市」。

來到高山市，絕對要來吃這間創業約 80 年的在地美食餐廳「Mikado」。照片介紹的是「飛驒牛朴葉味噌烤肉」。在肉片受熱滋滋作響的同時，撲鼻而來的飛驒牛香氣，叫人等不及想大快朵頤。這家店的價位也是東京市中心難以想像的經濟實惠，店內也有為外國遊客準備的英語菜單，敬請安心。

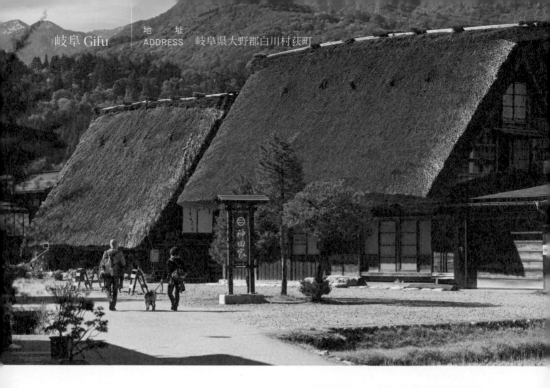

白川鄉
Shirakawa go

26

位於岐阜縣西部的「白川鄉」荻町聚落，保
留了不少合掌造（外覆茅草，使用木頭組
成，看似有如雙手合十般的角形屋頂）建
築，在 1995 年與富山縣五箇山相倉、菅沼
的合掌造聚落，一同獲選登錄為世界遺產。
荻町聚落之所以能保存這麼多，建於江戶時
代末期至明治時代末期的傳統合掌造民宅，

主要歸因於當地居民在 1971 年組成守護在地自然環境的團體，共同約定遵守「不出
售、不出租、不破壞（合掌民宅、農地、山林等在地資源）」原則。

白川鄉地處偏遠山區，昔日對外交通極為不便，外加冬季降雪量大，積雪動輒高達 1
公尺以上，而這樣的嚴峻環境培養出居民相互扶持的互助精神，也就是白川鄉當地珍

視的價值觀——「結之心」。在每年秋季舉行的消防噴水演練，以及要動員上百人力方能完成的屋頂茅草換新作業，都是「結之心」的具體展現。

白川鄉如今雖是聞名世界的觀光景點，但在這裡仍能感受到未因時代轉換而改變的生活。

● 豆知識 ─────────────────────────────

・白川鄉的攝影地點
建議想用相機捕捉白川鄉隨四季變換、展現出繽紛多彩美景的人，前往「天守閣瞭望台」。那是能將「和田家住宅」置於畫面中央的知名攝影地點，而且有免費停車場，也能由此步行到白川鄉。

永平寺
Eihei ji

27

「永平寺」原是道元禪師開闢的禪坐修行
道場。占地面積廣達 33 萬平方公尺，在樹
齡逾 600 年的參天古杉等林木圍繞下，由
山門、佛殿、法堂、僧堂、大庫院、浴室、
東司（洗手間）等不同用途的建築構成的
七堂伽藍和殿堂樓閣，矗立於此。至今仍
有約 200 名雲水僧（指有如浮雲、流水般，

遍訪各地修行的僧侶）謹守道元禪師於 770 餘年前定下的清規，
在此修行。因此，這裡絕非單純的觀光景點，建議在造訪前瞭解相
關注意事項＊。

參拜前，我先在入口用常香爐上繚繞的香煙淨身，再順著參拜路線
前進。此行印象最深刻的地方有兩處，而連結七堂伽藍的迴廊正是
其一。穿行木製長廊，看著透過窗櫺灑落木製長廊的陽光，心情為
之清爽舒暢，是迴廊的獨特魅力所在。因四周有大自然環繞，空氣
澄澈，在雨後也能欣賞苔蘚閃耀光芒的景色。另一個令我難忘的
地方，是天花板上鑲嵌著 230 幅日本畫的「傘松閣」。這是由 144
位知名日本畫家在 1930 年以花鳥風月為主題完成的畫作，據說若
能找出當中的 2 幅神獸唐獅畫、2 幅鯉魚畫和 1 幅松鼠畫再許願，
便能心想事成。

● 豆知識

· 參拜永平寺時的注意事項
　· 參拜時請調整身心狀態，保持肅靜從左側通行前進。
　· 請勿用手碰觸鐘和太鼓等會發出聲響的物品。
　· 請勿拍攝雲水僧侶（修行僧侶）。
　· 請關閉行動電話電源或設定為震動模式。
　· 請勿跨出走廊，亦勿踏入建築物外部區域。

28 東尋坊・雄島
Tojinbo・Oshima Island

福井県坂井市三国町安島 64-1

位於福井縣北部海岸的「東尋坊」是由相連超過 1 公里、高逾 20 公尺的柱狀安山岩構成的海蝕崖。放眼全世界，如此規模壯觀的安山岩柱狀節理地形，據說只有朝鮮半島的金剛山、挪威峽灣和日本福井縣東尋坊這三處。遊客造訪此地，除能沿著荒磯遊憩步道，欣賞日本海洶湧波濤侵蝕形成的奇岩美景，也可搭乘觀光船近距離感受大自然鬼斧神工的震撼。獲指定為國家名勝和自然紀念物的東尋坊，不僅在地質學上彌足珍貴，也因其面海的懸崖峭壁地形，所散發出那股已無退路的蒼涼絕望感，而成為日本懸疑推理電影和電視劇組愛用的外景地。

由火山岩組成，浮於日本海海面的「雄島」，以長約 224 公尺的朱紅長橋與陸地相連，島上除了守護討海人出海平安的大湊神社和指引船舶安全航行的雄島燈塔外，多半是岩石和天竺桂及紅楠等天然林，而沿著環繞雄島一周的步道走到雄島北端，會發現帶有強大磁性而讓指北針無法指引正確方向的岩石，這樣的現象與一般火山熔岩冷卻凝固後，內含的磁性礦物質與地球磁場方向一致的特性迥異，而其中原因仍不明，這也為雄島增添了神祕色彩。

29 若狹鯖街道熊川宿

Wakasa Saba Kaido Kumagawa Juku

若狹鯖街道熊川宿

「若狹鯖街道熊川宿」位於古時連結若狹地區（福井縣南部若狹灣沿岸地區）與京都的鯖街道上，是昔日往來旅人歇息用餐、投宿的驛站，而今日則以老宅改造而成的民宿和咖啡館，其新舊兼容的風貌，迎接到訪的遊客。櫛比鱗次的傳統建築和具有歷史價值的景觀，讓熊川宿獲選為重要傳統建物群保存區，同時也是日本遺產第 1 號「連結海與都城的若狹古道文化遺產群——御食國若狹與鯖街道」其中一部分。

30 鉾島

Hokoshima

由柱狀岩石組成，因看似如同並排的鉾（長矛）而被命名為「鉾島」。島上岩石是約在 1,500 萬年前噴發、冷卻凝固而成的火山岩，在日本海的澎湃浪濤經年累月的侵蝕下，形成高約 50 公尺的斷崖。島上設有遊憩步道，遊客可漫步至最

頂端的鉾島神社。神社裡供奉著不動明王，相傳是當地漁民出海捕魚時，隨漁網撈起不動明王像，當晚即遇不動明王託夢告知，便依指示將不動明王像奉祀於鉾島頂端，此後只要當地漁民出海，海象皆風平浪靜且屢屢滿載而歸。時至今日，鉾島上的不動明王仍是當地居民虔誠信仰所在。

31

石川県鳳珠郡穴水町鹿島ハ9

鹿島神社
Kashima Shrine

「鹿島神社」位在暱稱為「能登櫻花車站」的能登鹿島車站附近，供奉的是武甕槌神。根據日本的史書記載，武甕槌神是日本神話中的神靈，被奉為雷神、劍神和武神。鹿島神社周圍是茂密的樹林，穿過鳥居再登上小丘，隨之映入眼簾的是神社的本堂。這裡的參拜方式是「三唱兩拍手一拜」，不曉得是否因為與一般的「兩拜兩拍手一拜」不同的緣故，而特別設有解說提醒。

石川県鹿島郡中能登町西馬場

32

雨の宮古墳群
Amenomiyakofungun

雨之宮古墳群

歷史愛好者千萬別錯過！以海拔 188 公尺的眉丈山山頂為中心，由建造時期約在 4 世紀中期至 5 世紀的 40 座古墳組成的「雨之宮古墳群」，是能登地區規模最大的古代墳塚，同時也是日本國家指定史跡。此處現已規劃為雨之宮古墳公園，除了人人都能免費自由參觀的雨之宮古墳群以外，還設有導覽館和休憩場所。位於最高處的 1 號墳，形狀為前方後方，以土石堆砌築成的墳塚長 64 公尺且分成 2 層。而形狀為前方後圓的 2 號墳，墳塚同樣也是 2 層結構，爬到第 2 層會有登高望遠的感受，心情也為之舒暢。

33

石川県金沢市兼六町1

兼六園
Kenrokuen

34

石川県金沢市長町1-3-12-2

長町武家屋敷跡
Nagamachi Samurai District

長町武士宅邸古蹟

35　ひがし茶屋街
Higashi Chaya District

石川県金沢市東山1丁目

東茶屋街

那谷寺
Natadera

36

「那谷寺」是有 1,300 餘年歷史，實踐開山祖師泰澄法師以大自然為神祇，悟得與生俱來的智慧（自然智），尊崇白山信仰的寺院。那谷寺的本堂（由本殿、唐門和拜殿組成）、三重塔、護摩堂、鐘樓、書院及庫裏是日本國家指定重要文化財（重要文化資產）。供奉著千手觀世音菩薩像的本殿，建於岩山洞窟內，而為配合本殿的高度，拜殿的基座是利用跟京都清水寺相同的懸造式工法建造而成。除此之外，那谷寺內還有一處名為「奇岩遊仙境」的景觀。據傳這是遠古時代海底火山活動產生的岩山，歷經漫長歲月侵蝕而形成今日的奇景，殊值一訪。

珠洲岬
Suzu Cape

37

位於能登半島尖端，被譽為聖域之岬
的「珠洲岬」，是日本三大能量景點
之一，同時也有聞名的藍洞景觀。據
說大氣中的極鋒噴射氣流與副熱帶噴
射氣流在這裡交會，而海中則有來自
南方的暖流與來自北方的寒流匯流，
使得珠洲岬成為自然界能量匯聚所
在，而這樣的地形放眼世界也堪稱稀
有。現在，珠洲岬已有管理完善的觀
光設施。這次我們一家出遊有高齡逾

80 的祖父同行，但每個人都平安來回走完通往藍洞的長坡道。站在珠洲岬的高台，能將姬島、鬼島、神島、能登二見岩、義經舟隱（義經藏匿船隻以躲避兄長源賴朝追兵和暴風雨之處）等奇岩美景，盡收眼底，是為能登半島之旅留下回憶的最佳地點。飽覽風景後，我們便動身前往當地工作人員最常光顧的餐廳，享用午間特餐*。

美食推薦

つばき茶屋 奧能登

在能登半島的人氣美食餐廳「椿茶屋 奧能登」，能大啖新鮮海產同時欣賞能登半島的絕景，因此深受當地人和觀光客的歡迎，若遇上尖峰時段難免需要排隊久候。開朗有活力的海女老闆會詳細解說畫在石頭上的菜單，而且端上桌的套餐菜色豐盛到擺滿整桌，餐點平價又美味，讓人大飽口福！（石川縣珠洲市折戶町 1-3-1）

38 みくりが池
Mikurigaike

御庫裏池

在日本的立山信仰中意指「神之廚房」的「御庫裏池」，是富山縣數一數二的絕景。
這座約在 1 萬年前形成的火山湖，海拔高度約 2,400 公尺，也是被人們視為神之使
者的特別天然紀念物「日本岩雷鳥」的棲息地。御庫裏池在冬季期間封閉，不對外
開放，只有在每年 7 月～ 10 月冰雪融化的時期前來，才能一睹深藍色湖面之美。
而這個富山縣具代表性的景點，也曾出現在細田守導演的動畫片《狼的孩子雨和雪》
裡。當倒映在深藍湖面的立山連峰和白雪覆蓋的景象映入眼簾，想必任誰都會停下
腳步且為之驚嘆。

⚠ 注意事項

出發前請先確認天候、交通方式和門票購買方式！

富山 Toyama ┃ 地　址　ADDRESS　富山県高岡市大手町 11-29

39　高岡大佛
Takaokadaibutsu

自 1907 年起費時 26 年建造完成且代表富山的「高
岡大佛」，也是銅器產量日本第一的高岡市，其傳
統鑄造工藝的象徵。特別值得注意的是大佛俊美的
臉龐，享有日本第一美男子之名，深受高岡市在地
居民喜愛。高岡大佛佛像高度為 7.43 公尺，與高
11.3 公尺的鎌倉大佛和高 14.98 公尺的奈良大佛相
比，雖稍顯嬌小，但高岡大佛以顏值取勝，就算高
度略遜一截也不成問題。

瑞龍寺
Zuiryuji

40

「瑞龍寺」的山門、佛殿和法堂，是富山縣內唯一
獲指定為國寶的寺院建築。曹洞宗的寺院多半闢建
於深山，但瑞龍寺卻在高岡車站步行可達範圍內。
瑞龍寺不只建築優美，從總門（位於禪宗寺院入口
的正門）延伸至山門（禪宗寺院正面的樓門）的枯
山水庭園中小石子呈現的白，以及從山門延伸至法

堂的草坪閃耀的綠，也美不勝收。瑞龍寺的伽藍（寺院建築物的總稱），是仿效鎌倉
時代隨禪宗傳來日本的中國寺院建築。瑞龍寺中最古老的佛像是「烏瑟沙摩明王」的
木造立像。據說將瑞龍寺的烏瑟沙摩明王護身符（意者請申請購買）貼在比眼睛視線
更高的地方，再把廁所清掃乾淨，即可清除身心汙穢、獲得疾病平安痊癒、順利產子、
子孫繁榮等加持，因此前來尋求庇佑的人絡繹不絕。

富山 Toyama ｜ 地　址
ADDRESS　富山県高岡市太田 24-74

41

道の駅 雨晴
Michinoeki Amaharashi

雨晴休息站

公路休息站「雨晴」位於雨晴海岸旁，以船形建物迎接旅人到來。從雨晴海岸可遠眺位在海面另一端的壯麗立山連峰，而這樣能隔海遙望海拔 3,000 公尺等級高山的景點，據說放眼全世界也屬罕見。建築造型摩登的純白休息站內，設有資訊宣傳區、咖啡廳、觀景台和多目的功能空間，從觀景台和咖啡廳也能欣賞後有海景襯托、急駛而過的冰見線列車，喜歡電車的人不論是小孩還是大人都能樂在其中。

42 将軍杉

Shogunsugi

將軍杉

樹齡長達 1,400 年的「將軍杉」高 38 公尺、樹幹周長約 19 公尺，是日本數一數二的參天巨木。這棵充滿生命力的杉樹已獲日本政府指定為天然紀念物，目前樹的四周設有木造步道，遊客可繞行一圈欣賞將軍杉的英姿。靠近樹根的樹幹形成 6 個分枝，其中一個分枝已因颱風折損。將軍杉周圍的空氣沁涼，給人留下一種彷彿踏入異世界般的強烈印象。

43

判官舟かくし
Hanganfunakakushi

判官舟隱

位在新潟縣的「判官舟隱」是四周環繞懸崖峭壁，又能遠眺遼闊水平線的祕境。穿過仍保有天然岩洞本色的隧道，再順著遊憩步道前進，便能漫步於名勝之地。只是此處尚未被打造成觀光區，因此遇到惡劣天候預期會有大浪、落石等狀況時，建議仍以安全為優先。徒步 20 分鐘左右，來到遊憩步道因岩石崩落而消失之處，這裡即是終點。強烈推薦給熱愛冒險的旅人前來挑戰。

豎立在沿懸崖而建的步道上的老舊看板，記載著：「此洞穴相傳為遭兄長源賴朝討伐之判官義經，循海路逃往奧州平原（現為岩手縣平原町）途中，於文治 3 年（1187 年）3 月為躲避追兵而隱身藏匿之處。」可知判官舟隱也與歷史上知名悲劇英雄源義經有關，而這樣的故事背景讓此處更加特別。

44 上堰潟公園
Uwasekigata Park

新潟県新潟市西蒲区松野尾 1

隨季節變換展現不同風貌的「上堰潟公園」，在我造訪的春季，園內的櫻花和油菜花盛開爭豔，到了夏天有向日葵，入秋之後則有波斯菊等時令花卉可欣賞。除此之外，園內也定期展示善用新潟縣當地稻草紮成的藝術作品。這座公園不僅能讓孩童盡情玩耍，而且占地面積廣大到就連大人也能在園內盡情奔跑，是熱門的遊憩景點。

45 白山神社
Hakusan Shrine

新潟県新潟市中央区一番堀通町 1-1

白山神社座落在新潟市中心，從 JR 越後線白山車站步行約 10 分鐘可達，被在地人尊為「白山樣」。這座歷史悠久的神社供奉著名的菊理媛命，是掌管姻緣和保佑婦女生育、順產的女神。每逢新年，前來此處參拜的人潮是新潟市內數一數二的多。除此之外，白山神社在每年 6 月底都會舉辦「半年參拜」的祭祀儀式。這是從平安時代（西元 794 年至 1185 年）傳承至今的傳統活動。人們在一年過半的那天，來到神社感謝神明護佑上半年平安健康，參加消災解厄儀式，再繞行穿過茅草圈象徵身心靈已淨化，同時祈求下半年無病無災。

46

新潟県護國神社
Niigataken Gokoku Shrine

新潟県新潟市中央区西船見町 5932-300

新潟縣護國神社

平息災亂、護佑新潟縣和平、繁榮的「新潟縣護國神社」，外有面朝日本海的優美松樹林「常盤之森」圍繞，鳥居前方是長約 100 公尺的參拜步道，內部氣氛莊嚴。有不少年輕佳偶因此處供奉著守護家庭美滿的神明，適合作為打造新家庭的起點，而選在這裡舉辦神社婚禮。

47

旧齋藤家別邸
The Niigata Saito Villa

新潟県新潟市中央区西大畑町 576

舊齋藤家別邸

「舊齋藤家別邸」是明治時代至昭和前期，新潟代表富商齋藤喜十郎，於大正時代建造的別墅。占地面積廣達 1,300 坪的空間，結合了凝聚日本魅力的迴遊式庭園，以及開放式的近代日本建築，更保存了新潟市這座港口城市蘊含的待客文化，讓造訪旅客得以一窺新潟市的過往風華。

48 福島潟
Fukushimagata Lagoon

福島潟湖

「福島潟湖」是上游河川沖刷而下的泥沙，在海岸線附近堆積形成沙洲，將海灣和外海隔離而形成的湖泊，面積有 262 公頃。每到 4 月，湖邊的油菜花綻放，形成一片金黃花海，與遠處山頭仍有雪的連綿山峰，相映成趣。這次是在福島潟湖旁的圓柱形建築，也就是觀光交流館「觀景福島潟湖」頂樓瞭望台上拍攝取景。面對壯麗的景觀，任誰都有無法用照片傳達眼前感動，這種帶有些微遺憾的經驗，但在這裡無須擔心。我邊欣賞館內傳達福島潟湖迷人所在的展示內容，邊順著螺旋狀的斜坡道往下走，最後奔跑穿越油菜花田中的小徑。

🔴 豆知識

・明明位在新潟縣，為何名為福島潟湖？

傳說以前有位名叫阿福的女孩，她是村民代表的女兒。阿福因戀情無法開花結果，便跳入潟湖自殺，人們遂稱那座潟湖為「阿福之潟」，後來演變名為福島潟湖。

KANTO REGION

関 東

群馬県　埼玉県　東京都　神奈川県

千葉県　茨城県　栃木県

INDEX　　NO.49-NO.92

49

土合駅
Doai Station

土合車站

從地上層的剪票口通往地下層車站月台的台階，竟有 486 階！「土合車站」是日本
所有車站當中，車站主建築與地下層月台之間的高低落差最大的車站。這座與群馬
縣最北邊的谷川岳相隔咫尺的車站，至今仍因它的祕境氛圍和特殊性而吸引不少遊
客前來一探究竟。我造訪的那天，車站裡都沒人，呈現出一種無人車站的狀態。這

裡目前是 JR 上越線的其中一站，但停靠班次少，單日進出人次平均約 20 人左右。
我實際到訪時才發現即使在白天，車站內也很昏暗，還聽得到水滴落的聲音，加上
從看不見盡頭的台階下方迎面而來的強風，單就車站的屬性而言，實在是相當奇特，
真可說是超現實的空間。

50 棚下不動の滝・滝行
棚下不動瀑布・瀧行

Tanashitafudo Waterfall・Takigyo

「棚下不動瀑布」是「瀧行」*的聖地，而瀧行指的是為鍛練身心、消災解厄，站在瀑布正下方誦唱經文的修行作為。這樣的景觀就位在遍布梯田、平和清靜的自然環境中。瀑布下方有個巨大的凹洞，而供奉不動明王的不動堂奧之院就在洞內。瀑布附近的岩壁歷經 2011 年 3 月 11 日東日本大地震、大雨等天災的衝擊，數度崩落因而難以通行，後來在棚下地方自治會民眾們的努力和各方支持之下，現已鋪設步道，因此遊客可安心前往。目前這裡依舊吸引「想改變自己」、「想感受大自然」而到瀑布底下修行的各地好漢。

群馬 Gunma｜
地　　址
ADDRESS　群馬県渋川市赤城町棚下

⬤ 豆知識

· 瀧行的過程

在瀑布下修行一定要穿修行人穿的全白衣物和頭綁布條。全白衣物不只代表身心純淨的狀態，
也有著反思自我的意涵。承受瀑布水流的衝擊難免容易發生意外，建議有意嘗試瀧行修行的人
找指導人員隨行。

· 瀧行的步驟（步驟會隨宗派、寺廟而異）

1. 換上修行用的白衣，頭綁布條。

2. 向瀑布行禮。

3. 念誦真言、《般若心經》和神道教的祝
   禱詞。

4. 用鹽淨身。

5. 打出九字手印，再維持結印手勢走到瀑
   布下方。

6. 承受瀑布水流的同時念誦真言或《般若
   心經》。

7. 發出「ㄟ」聲數次。

8. 走出瀑布。

9. 向瀑布行禮。

不二洞
Fujido Cave

51

群馬縣的祕境「不二洞」是日本關東地區規模最大的鐘乳石洞。不二洞舊名為「不二穴」，過往曾有「入不二穴，風即吹」這樣的傳說。當地民眾有感於不二洞迷人之處，遂於 1968 年整建於現在的縱穴外開放參觀用的步道，造就了現今宛如通往異世界的入口與螺旋階梯。即使在夏季造訪，進入鐘乳石洞內仍能感受到些許寒意，全長 2.2 公里的鐘乳石洞，隨處皆有驚喜。邁入平成時代後還發現新的分支洞穴，足見不二洞仍有著未知的可能性。

● 豆知識

・不二洞的傳說

約莫 1,200 年前，不二洞所在的大福壽山是被原始林覆蓋且人類無法靠近的動物樂園。某日，一群猿猴在此聚集大鬧，當地村民覺得不對勁而靠近查看，才發現這個鐘乳石洞。這個曾被稱為「猿穴」的鐘乳石洞，在被人類發現後經過約 400 年，藤原山吉祥寺的開山祖師安宗成為成功深入鐘乳石洞探險的第一人，因而洞內約有 45 處以佛教相關事物為名。這個一度作為修行場所的洞穴，後來也成為人們可安心進出參觀的觀光景點。

52

埼玉県所沢市東所沢和田 3-31-3

角川武蔵野ミュージアム
Kadokawa Culture Museum

角川武蔵野博物館

「角川武藏野博物館」是所澤櫻花城的地標。所澤櫻花城是角川集團以「孕育引領時代潮流的文化和產業，向世界發聲」為概念而打造的流行文化基地。當中包含博物館、活動場館、飯店、書店等商業設施，甚至還有神社。從 JR 武藏野線東所澤站步行約 10 鐘，便能看到一座以石材打造而成的巨型建築，正是角川武藏野博物館。當中值得矚目的是定期更換的大型展示，以及高約 8 公尺的環繞式書架上，以約 3 萬本的私人藏書，建構而成的書架劇場（本棚劇場）。除此之外，還有以 9 大主題的多樣書籍，打造出宛如街道般的圖書展示空間，讓愛書人流連忘返。

53

朵貝楊笙曙光兒童森林公園

トーベ・ヤンソンあけぼの子どもの森公園
Tove Jansson Akebono Children's Forest Park

在西武球場看了來自臺灣的吳念庭選手出場的賽事後，我順道繞去「朵貝楊笙曙光兒童森林公園」一探究竟。之所以會有這座森林公園，據說是埼玉縣飯能市的公務員寄給嚕嚕米作者的一封信而促成的機緣。公園內不只有名為「嚕嚕米之家」的建築物，還有許多重現嚕嚕米世界的童話空間。停車場及公園是免費開放，而且夜間也有點燈，如此精巧完美的設計，任誰都會覺得開心不已。傍晚時分，從樹木間灑落的光線，是非常值得欣賞的景色。

54 尾ノ内渓谷氷柱
Onouchikeikoku Icicle

尾之內溪谷冰柱

與「三十槌冰柱」、「蘆久保冰柱」共稱秩父三大冰柱的「尾之內溪谷冰柱」，是秩
父郡小鹿野町冬季的代表性風景。這樣的景色是從尾之內澤利用水管引水形成，而尾
之內澤的源流來自日本百大名岳之一，也就是海拔 1,723 公尺的兩神山。尾之內溪谷
冰柱展示期間內，有免費的米麴甘酒供參觀遊客飲用，不愧是在地居民共同合作帶動
秩父觀光的活動。

中央通路

55

吉見百穴
Yoshimihyakuana

日本國內不可思議的景觀不勝枚舉，而「吉見百穴」可說是代表埼玉縣的奇景。當我站在這裡看到眼前有200餘座洞穴時，只覺得不可思議。其實這些洞穴是距今約1,300年前，古墳時代末期的橫式墓穴群。在明治時代，經挖掘調查後有人骨、金屬器具、土器類等文物出土，且在大正時代獲指定為國定古蹟。不僅如此，在昭和時代初期更被發現洞穴內有原始且珍貴的「光苔」生長。光苔一如其名，就是會發光的苔蘚，通常生長在洞穴中，會發出綠寶石般的亮光。吉見百穴的部分洞穴，在二戰期間也被當成地下軍用工廠使用。若想就近觀察洞穴，不妨順著階梯往上走；另外步行可達的範圍內，也有「岩室觀音堂」可參觀。

56

岩室観音堂
Iwamuro Kannodo

岩室觀音堂

據說前來「岩室觀音堂」參拜，能獲得與參拜四國八十八箇所同等的保佑。在西元 810 年之後完成的岩室觀音堂，於 1590 年松山城攻防戰中被燒毀，現在的觀音堂是於江戶時代重建的。堂內的 88 尊石刻佛像，是仿造與弘法大師有淵源的四國八十八處寺院供奉的神佛。穿過開口呈心形，有點陡峭的洞穴，據說想求子、平安產子、育兒的心願可能會實現。觀音堂 2 樓供奉著觀世音菩薩，這裡也擺著寫了《般若心經》的紙，據說用這些紙折成紙鶴獻給菩薩後許願，可望心想事成。這裡真的是座可愛又引人好奇，同時又飄散著詭異氣息，相當不可思議的觀音堂。

57

東京ジャーミイ
Tokyo Camii

東京大清真寺

「東京大清真寺」是日本規模最大的伊斯蘭教宗教設施。即使不是穆斯林，也能入內參觀、拍攝（部分區域除外）。這座清真寺的禮拜堂，可容納 2,000 人一起進行禮拜，屋頂無任何梁柱而由大小不同的圓頂支撐，建構出寬敞清朗的空間。牆面上繽紛的彩色玻璃、線條優美的阿拉伯文書法，和拱頂上精巧細緻的圖樣，讓人感覺有如置身異國。

● 真知識

東京大清真寺參觀相關事項及穆斯林禮拜方式

· 在入口脫鞋後入內。

· 入內參觀無預約或入場券等限制。

· 女性請用絲巾包覆頭髮。

· 禮拜堂是穆斯林禮拜的場所，日常禮拜是每天 5 次，且有固定時段。

· 禮拜堂裡阿拉伯文音譯為米哈拉布的凹壁，指引穆斯林朝向聖地麥加的克爾白。

· 每週六、日的下午 2 點 30 分起會有無需預約的免費導覽。

紀尾井清堂
Exterior View of Kioi Seido

58

由建築師內藤廣設計的「紀尾井清堂」，源自案主：「請照你的想法去蓋，之後我們再配合建築物去思考它的功能。」這樣前所未見的委託。這棟在令和時代，突然出現在東京紀尾井町如此精華地段的混凝土結合玻璃的建築，雖然還不算有名，但獨特的外觀不免吸引路過行人駐足欣賞。我造訪那天，「奇蹟的一本松樹根」正在紀尾井清堂展出。在許多物品遭沖走、流失的東日本大地震中，堅強挺過災變，屹立於東北大地，為人們帶來希望的一本松，樹齡 173 年，而它那曾緊緊抓附土地的根部，即便歷經砍伐，卻仍保有強韌的力量。沒想到能在這樣的空間親眼目睹，令我深受感動。

面對沒有解答的委託內容，建築師以「有如萬神殿般，不受常識侷限而強烈觸動人心的建築物」作為目標而完成的空間，確實也揉雜了建築以外的奇特魅力。

東京の神社と寺

59

東京都新宿区須賀町5

須賀神社
Suga Shrine

不只日本，在臺灣和其他國家也受矚目的熱賣動畫片《你的名字》，最後一幕兩位主角（宮水三葉與立花瀧）重逢的重要場景當中的階梯，不知各位是否還記得？因為在動畫片中登場而一炮而紅的，正是鄰近東京地鐵四谷三丁目車站的「須賀神社」前階梯。神社有2座階梯，而出現在動畫片中的是離神社有段距離的那一座，可別弄錯唷。

東京都江東区亀戶 3-6-1

60

亀戶天神
Kameido Tenjin Shrine

龜戶天神

每年都有眾多學生為了祈求「有好的成績」、「通過入學考」而前來參拜「龜戶天神」。這一帶也是我出生、長大的地方，因此龜戶天神是我從小熟悉的場所。鳥居正前方有紅色拱橋和烏龜悠游其中的水池。不僅如此，每年的藤祭也吸引外縣市的人造訪，到了春天則有美麗的梅花盛開，隨季節更迭展現不同風貌也是龜戶天神聞名之處。現在從本殿後方還能遠眺東京晴空塔，欣賞新舊兼容並蓄的景色。還有，千萬別忘了從龜戶天神步行可達的範圍內，還有販售葛餅的「船橋屋」哦。

61 根津神社
Nezu Shrine

東京都文京区根津 1-28-9

「根津神社」占地範圍內，另有乙女稻荷神社和駒込稻荷神社這 2 座神社。乙女稻荷神社最吸睛的地方，莫過於「千本鳥居」。紅色鳥居井然有序排列成行，具體展現何謂數大便是美。乙女稻荷神社的拜殿位在根津神社的最高處，因此視野良好，能一眼望盡根津神社裡的一景一物。根津神社所在地，曾是江戶幕府第 3 代將軍德川綱重宅邸，而「駒込稻荷神社」原本是德川綱重宅邸內的神社。有別於給人色彩鮮明印象的乙女稻荷神社，駒込稻荷神社散發著莊嚴肅穆的氛圍。

根津神社也是知名的「杜鵑花」賞花景點。在 4 月到 5 月上旬杜鵑花盛開時節，會有文京杜鵑花祭。若在春末時分造訪日本，不妨來根津神社欣賞姹紫嫣紅的杜鵑花，順便逛逛露天市集吧。

62

東京都千代田区永田町 2-10-5

日枝神社
Hei Shrine

位在日本政治中心永田町，且與日本的國會所在地（國會議事堂）相距咫尺的「日枝神社」，供奉著「大山咋神」，這是日本神話中出現的神，屬於山的守護神，別名「山王」。日枝神社的鳥居名為山王鳥居，而位在山王信仰的發源地比叡山山腳的日吉大社，也有同樣形狀的鳥居。日枝神社內也有能拍出美照的「千本鳥居」，吸引不少遊客造訪。

63

豪徳寺
Gotokuji Temple

豪徳寺

東京都世田谷区豪徳寺 2-24-7

位在東京都世田谷區的「豪德寺」據說是招財貓的發源地。不只是寺廟占地範圍內，就連鄰近的車站或是商店街，也隨處可見招財貓的身影。寺廟的奉納所擺滿由香客捐獻，大小各異的招財貓，這樣的景象也吸引不少日本國內外的觀光客前來造訪。

64

東京都葛飾区柴又 7-10-3

柴又帝釈天
Shibamata Taishakuten
柴又帝釋天

「帝釋天」位在日本國民電影《男人真命苦》主角阿寅的故鄉——東京葛飾區柴又。正式名稱為經榮山題經寺，而柴又在地居民多半稱它為「帝釋天」。建物內外精細生動的木雕，非常值得細細欣賞品味，尤其是呈現《妙法蓮華經》經文的雕刻，相當生動。另外，充滿日式風情的庭園也引人停留駐足。從柴又車站通往帝釋天的參道商店街，有不少特色小吃。其中販售艾草糰子和鹽仙貝的「高木屋老鋪」，曾是電影《男人真命苦》的拍攝地。

65

等々力渓谷公園
Todoroki Valley Park

等等力溪谷公園

「等等力溪谷公園」是東京 23 區內唯一一座溪谷，擁有讓人無法想像身處東京市區的自然景觀。這個座落在世田谷區的閑靜住宅區內的綠地公園，不只提供在地居民一個可遠離日常喧囂，舒展身心的散步好去處，同時也是外地觀光客喜愛的景點。不僅如此，溪谷內有 30 處以上的湧泉，水質非常好，因而有種類豐富的植物生長，形成所謂潛在自然植群。大家若有機會造訪等等力溪谷公園，不妨參拜能保佑「育

兒」、「學業有成」等願望，被人們暱稱為「御不動樣」的等等力不動尊。供奉等等
不動尊的寺院，據說原本是真言宗中興祖師在平安時代末期創建的修行場所。另外，
位在徒步範圍內的野毛町公園內的「野毛大塚古墳」也頗值得一探。

ホテル雅叙園東京・百段階段

Hotel Gajoen Tokyo ・One Hundred Steps Staircase

66

東京雅敘園飯店・百層階梯

「百層階梯」是雅敘園飯店的前身目黑雅敘園其中一棟建築，也是東京都有形文化資產。這棟建於 1935 年的木造建築，內有 7 間可供舉辦宴會的房間，而這些房間是由多達 99 層的階梯式長廊相連。各個房間裡的天花板、欄間（天花板與和室拉門上緣之間的部位）與梁柱上，有做工細膩的彩色雕刻和風格典雅或華麗絢爛的日本畫，因而有「昭和的龍宮城」之美稱。

● 豆知識

・名為「百層階梯」為何卻是「99 層」？

據說有數種說法，在此介紹其中較有力的 2 種說法：

1. 日本從以前就把「奇數」視為幸運的數字，像是「七五三」節（日本特有習俗節日，小孩每到 3 歲、5 歲、7 歲會去神社參拜，感謝神明保佑），日本的民俗活動中多半會用奇數作為劃分。從帶著好兆頭的奇數當中，用 2 個最大的數字重疊，因而有「99」層。

2. 基於日本的完美狀態無法維持長久的想法，而刻意減掉一個數字。用 100 減 1，代表仍有改善空間的意味。

TOKYO'S FOUR SEASON

東 京 の 四 季

67

東京都墨田区押上112

東京スカイツリー

東京晴空塔

Tokyo Sky Tree

68

東京都江東区富岡 2-13-5

大横川
Oyokogawa River

大横川

69

千鳥ヶ淵
Chidorigafuchi

千鳥淵

70

東京都港区赤坂 9-7-1

東京ミッドタウン
Tokyo Midtown

東京中城

71

東京都文京区本駒込 6-16-3

六義園
Rikugien

72

東京都新宿区内藤町 11

新宿御苑
Shinjuku Gyoen

73

フルール・ド・エテ
été ｜ Fleurs d'été

「夏日裡的花朵」訂製甜點

人們總想在重要時刻，獻上「特別的禮物」給重要的人，而日本新銳主廚庄司夏子，把這樣的心意化為「珠寶盒裡的甜點」。

打開盒蓋，映入眼簾的是典雅方盒中如花束般豐美的蛋糕，這款不只引發話題，還打響庄司夏子主理的餐廳「été」名號的訂製甜點「Fleurs d'été」，意為夏日裡的花朵，是由細膩刀工切成的當季水果和四方形塔皮組成，不只顛覆了大部分蛋糕都是圓形、三角形的既有印象，更注入了造型藝術性。訂購這款甜點的人絡繹不絕，甚至要預訂也得費一番功夫，但想到要把這款甜點送給特別的人，想必再勞心耗時也不以為苦。Fleurs d'été 不只水果，就連奶油也不含防腐劑，因此食用期限很短，但這是由衷考慮到品嚐甜點的人才有的選擇。這樣的心意也讓甜點吃起來更具滋味、更窩心。

● 豆知識

・如何購買「Fleurs d'été」甜點？

有專門的預訂網站，採用預訂後至指定店面取貨的方式銷售。只有預訂成功的人才會收到訂購完成的電子郵件，再憑電郵內容至指定地點取貨。

猿島
Sarushima

74

「猿島」是東京灣內的無人島，島上的要塞遺跡也是日本的國定古蹟。不僅如此，島上也曾挖出繩文時代的土器、彌生時代的土器和人骨，甚至島上也有傳說中日蓮聖人修行的洞穴，可說是充滿歷史的土地。附帶一提，島上沒有半隻猴子。猿島從江戶時代末期到第二次世界大戰前，一直都是東京灣的防衛據點，因此島上殘留許多讓人回想當時情景的景觀。歷史和暱稱八竿子打不著的「愛之隧道」，是島上的一大景點。為了不讓進攻的敵人看得到出口，內部彎曲又傾斜的這條隧道，即使在白天也相當陰暗，走在隧道內不由得會想緊握別人的手，因而有了那樣的別名。

75

長井海手公園太陽之丘

長井海の手公園ソレイユの丘
Nagai Seaside Park Soleil Hill

每年約莫 7 月中旬到 9 月中旬，來到位在神奈川縣的
「長井海手公園太陽之丘」，便能免費欣賞面積合計約
9,000 平方公尺，約 20 萬株不同品種的向日葵盛開的
美景。或許是園方回應遊客想從略高處眺望、拍攝花海
的心聲，而按照不同品種向日葵的花期，規劃各種拍照
景點並推出以花朵為發想的期間限定餐點。據說園內栽
種 SUNRICH 品種等 20 種以上的向日葵，讓不同品種如
接棒般陸續綻放。

76

神奈川県足柄下郡箱根町二ノ平 1121

彫刻の森美術館
Hakone Open-Air Museum

雕刻之森美術館

因為供孩子們攀爬、穿梭其中的體驗型裝置藝術而受矚目的箱根「雕刻之森美術館」，當中最熱門的作品，莫過於是「鴻運交響雕塑」。走進建築物中，眼前迎來從彩繪玻璃射入的光線，猶如置身萬花筒中，再順著貼在螺旋階梯上的足跡往上走，從這座塔的頂端眺望雕刻之森美術館的戶外展示品，不只有開放感也很有觀賞價值。

77

神奈川県横浜市西区みなとみらい 2-2-1

横浜ランドマークタワー
Yokohama Landmark Tower

横濱地標塔

看過這棟建築物但上去過的人其實不多，不妨從「橫濱地標塔」69 樓俯瞰橫濱的「空中花園」捕捉夜景。360 度的夜景散發有別於日間的吸引力，令人為之雀躍。除此之外，還能欣賞黃昏時分的落日、遊輪和橫濱港內觀光船等船隻往來的港灣等，隨時段變化而截然不同的景色。

78

神奈川県三浦市三崎町城ヶ島

馬の背洞門
Umanose domon

馬背洞門

「馬背洞門」是海浪侵蝕形成的海蝕洞。據說是因為洞穴正上方的道路看似有如馬背，而被稱為馬背洞門。以前馬背洞門可容小船通過，但 1924 年發生的關東大地震，同時產生的地殼變動造成馬背洞門所在的三浦半島，出現約 1.4 公尺的隆起，因此現在無法再讓船隻通行，但人們便能就近欣賞這大自然的奇景。

79

神奈川県三浦市初声町

黒崎の鼻
Kurosaki no hana

黑崎之鼻

前往這個傳聞中三浦半島數一數二的絕景，要先穿過恬靜的田中小道，那是一條讓人懷疑自己是否走錯路的通道。走過這條寬度只容一人通過，兩旁皆是高度及肩草木的羊腸小徑，眼前即是神奈川縣的隱蔽景點「黑崎之鼻」。穿越草叢後，映入眼簾的便是遼闊的大海和綠色山丘。在這裡，可以觀察岩礁之間水窪裡的小魚、蝦貝等海洋生物，也能拍照、垂釣以及遠眺富士山靜待日落。蒼茫冷清的景象也是這裡迷人的地方。

80

まんだら堂やぐら群
Mandaradoyaguragun

曼荼羅堂龕窟群

「曼荼羅堂龕窟群」位於連結鎌倉和逗子的要道，亦即國家指定史蹟「名越切通」上，這是用於存放、供養武士和僧侶骨灰的納骨石穴。不同國家或許有各自的墳墓形式，但在日本國內也未曾看過像這樣開挖小山而建成的納骨石穴。

當地工作人員告訴我：「約 2 公尺見方的洞穴是比較小型的洞穴。這一帶經確認約有 150 個以上的洞穴，這龕窟群非常珍貴。從後方的階梯往上走，便能一覽全貌，也適合拍照。」曼荼羅堂龕窟群位在神奈川縣的小坪隧道上，附近沒有車站和停車場，而且基於保存管理的考量，龕窟群只在夏初和秋季的限定期間對外開放，即使是開放期間，也只有週末、週一和國定假日開放參觀，敬請於造訪前確認相關資訊。

曼荼羅堂的歷史

「龕窟群」是為了存放、供養往生者骨灰，在山壁鑿出橫形洞穴而形成的古代建築物。據說這是鎌倉時代因墳墓不足而建造的石塔，也是鎌倉特有的場所。最早出現「曼荼羅堂」名稱的文獻，是文祿 3 年（1594 年）領主以村為單位統計彙整領地內農民耕作田地的帳冊。只是當中只記載了旱田的地名，並未詳細記載「曼荼羅堂」究竟是什麼建築物或是何時完成。

81　明治百年記念展望塔
Meiji Hyakunenkinento

明治百年紀念展望塔

「明治百年紀念展望塔」是座落於富津岬最前端，外形摹擬五葉松的不可思議建築物。這裡是我大學時代時常造訪的回憶之地。展望塔的眺望視野非常棒，能把東京灣、富津岬對岸的景色和房總丘陵盡收眼底。在海水清澈、空氣乾淨的日子還能看到富士山。黃昏時分的茜色天空也叫人難忘。在這裡可以休息，也能從不同角度盡情取景拍照。這是每個人都能抱著不同目的前來，自由消磨時間的珍貴所在。

82 香取神宮
Katori Jingu

千葉県香取市香取 1697

有著「香取桑馬（香取さま）」暱稱且為人熟悉的香取神社，在日本約有 400 間，而千葉的「香取神宮」正是香取神社的總本社。設於西元前 643 年的香取神宮，供奉著日本書紀記載的建國之神「經津主大神」。香取神宮的拜殿形式簡約，用料紮實且結構穩固，保留傳統樣式，讓人充分感受到時代的痕跡。

83 原岡棧橋
Haraoka Pier

千葉県南房総市富浦町原岡 204

原岡棧橋

位於千葉縣富浦灣沿岸的原岡海水浴場，有著放眼全日本也算稀少的木製「原岡棧橋」。聽著海潮聲，漫步棧橋上，心情彷彿上演青春電影。這裡也是拍攝富士山的絕佳地點，有不少攝影愛好者為了拍下「鑽石富士」*美照，慕名而來。

豆知識

·何謂鑽石富士？

當太陽從富士山頂升起或落下時，正好與富士山頂端重疊的那一刻，富士山頂呈宛如鑽石般閃耀的景象，就是俗稱的「鑽石富士」。關東地區有不少可以欣賞「鑽石富士」美景的地點，吸引各地攝影愛好者為捕捉絕美的瞬間，不遠千里而來。適合拍攝鑽石富士的時期隨地點而異，建議參考日本國土交通省整理的「關東富士見百景」頁面整理的資料，選擇適當時機造訪。

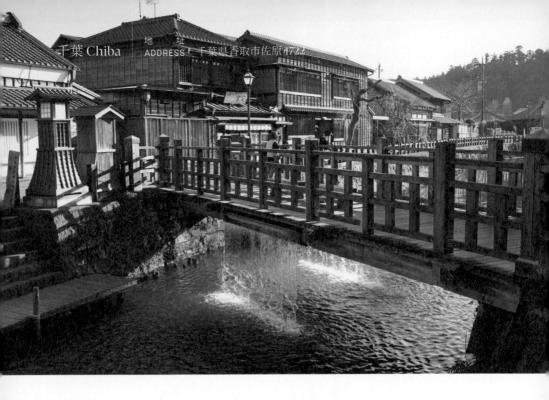

84

佐原 · 樋橋
Sawara · Toyohashi

從木製橋兩側傾流入河的「槳、槳」
水聲，讓佐原的「樋橋」有了「槳槳
橋」這個親切的暱稱。附帶一提，
「樋」指的是引水、放水的灌溉設施。
在小橋、流水與垂柳交織而成的懷舊
景觀襯托下，讓樋橋的「槳、槳」水
聲獲選為百大日本聲音風景。特別值
得推薦的是搭乘造型如近海作業漁船
的觀光船，從容悠閒地欣賞風景的玩

法（需付費）。樋橋的放水時段是從上午9點到下午5點，每隔30分鐘放流一次，
不妨配合放水時間搭船遊覽，也是不錯的觀光體驗。

千葉 Chiba 　|　地　　址
ADDRESS　千葉県富津市 萩生 82

85 燈籠坂大師の切通しトンネル
Torozakadaishi Kiridoshi Tunnel

燈籠坂大師切通隧道

千葉縣鮮為人知的絕景「燈籠坂大師切通隧道」，是
通往燈籠坂大師堂的參拜步道，而燈籠坂大師堂據說
是當年弘法大師行腳時曾停留休息的地方。根據富津
市官網記載，這一帶地形高低起伏大，而隧道約莫從
明治時代開始挖鑿，到昭和時代初期，再運用切割鋸
山石塊的技術向下切削，才形成今日的隧道樣貌。隧
道禁止一般車輛通行，而從隧道前方的「弘法大師靈
場」、「燈籠坂大師」等看板文字，便察覺眼前的隧
道非同小可。走進隧道，親身感受巍然矗立身旁的岩
壁震撼力，讓人不自覺加快腳步。這真的是個令人難
以想像其實正緊鄰著鐵路和交通幹道的絕景。

茨城 Ibaraki

地址 ADDRESS 茨城県久慈郡大子町袋田 3-19

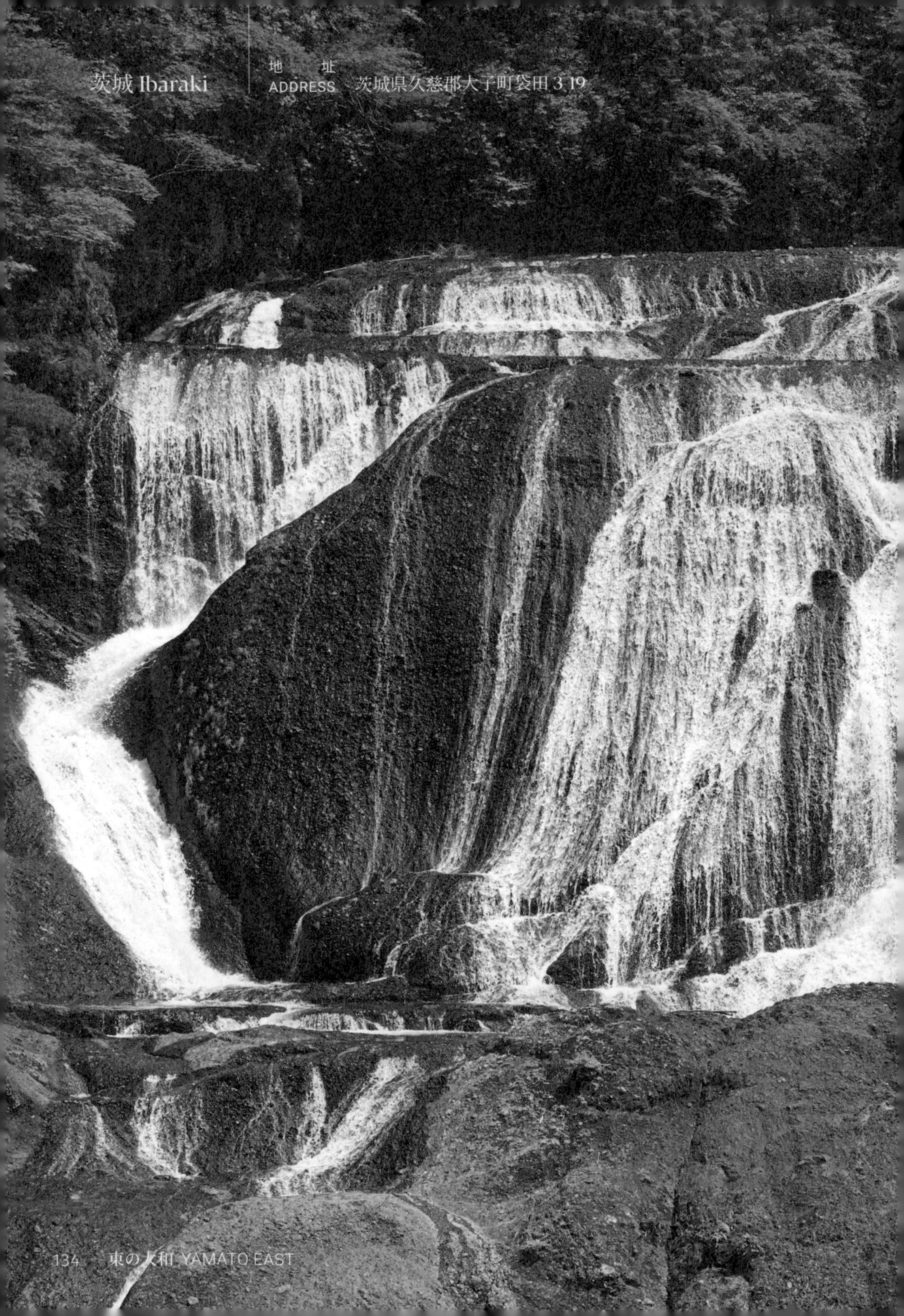

86

袋田の滝
Fukuroda Waterfall

袋田瀑布

茨城縣的「袋田瀑布」與櫪木縣的「華嚴瀑布」、和歌山縣的「那智瀑布」併稱日本三大知名瀑布。袋田瀑布長 120 公尺、寬 73 公尺，從大片岩壁傾瀉而下的水流和隨之產生的隆隆水聲與飛濺水花，日以繼夜地創造壯闊景觀。這座巨大的瀑布隨著季節轉換，也會展現截然不同的樣貌，像是冬季時結凍變為冰瀑，因此又有「4段瀑布」的別名（惟有一說是因瀑布水流分成 4 段，從巨大岩壁落下）。請穿過人工搭建的隧道，盡情欣賞眼前壯觀的日本名瀑。

● 豆知識

· 何謂冰瀑？

指瀑布水流結冰的自然現象。袋田瀑布在 2012 年完全結冰，這是睽違 6 年再度出現的景象。當時還有攀冰高手挑戰攀登 120 公尺的冰壁。

87

月待の滝
Tsukimachi Waterfall

月待瀑布

有著「穿越瀑布」、「裏見瀑布」等別名的「月待瀑布」，位於久慈川流域，高低落差 17 公尺，據說是全日本最容易穿越到水流後方的瀑布。瀑布後方岩壁底下，有個寬敞平坦的凹洞，連平常不肯讓相機靠近水邊的攝影師，也能放心地待在這裡拍攝瀑布的照片。相傳婦女會在每月的 23 日夜裡來到此地祈求平安產子，這也是「月待瀑布」名稱的由來。

88

カキ小屋
Kakikoya

牡蠣小屋

「牡蠣小屋」是由 1896 年（明治 29 年）創業的大洗町當地海產批發商「飯岡屋水產」經營的海鮮餐廳。「牡蠣小屋」既是海產批發商直營的餐廳，又緊鄰活力海山特產產地直銷中心，供應約 20 種餐點，像是生魚片套餐、海鮮船豪華特餐、生鰤仔魚和川燙鰤仔魚、紅燒喜知次和紅燒紅目鱸、酥炸竹筴魚和其他油炸類料理、丼飯等。套餐內含鮮魚味噌湯和 2 道小菜，分量豐盛！

我造訪的那一天，牡蠣小屋第三代接班人有如特別來賓般出現，親自為我介紹。「由顧客選擇自己喜歡的海鮮食材、自己烤」是牡蠣小屋的最大特色也是主打招牌，而沒有比這樣的吃法更讓人覺得幸福。我先品嚐了店員幫我服務的牡蠣小屋拿手料理——牡蠣蒸、烤兩吃。不論是火烤還是清蒸，不加任何調味的牡蠣都吸滿了海水的鮮味。另外，我還品嚐了扇貝、紅蝦、鹽烤香魚和奶焗牡蠣等創意餐點，真的是大飽口福的一天。各位千萬別錯過大洗町的正宗美食所在「牡蠣小屋」。

89 大洗磯前神社・神磯の鳥居
Oaraiisosaki Shrine・Kamiiso no torii

大洗磯前神社・神磯鳥居

茨城縣大洗町海邊有兩大聖地，那就是「大洗磯前神社」和矗立於大洗海岸岩礁上、地處太陽與洶湧海浪交界的「神磯鳥居」。歷史悠久的大洗磯前神社創建於 856 年，當時是平安時代且適逢天花等疫病大流行的時期，相傳神話中創建日本且為醫藥之神的大己貴命和少彥名命，為解救眾生苦難而降臨現在神磯鳥居所在的岩礁上，這就是大洗磯前神社的起源。神磯的鳥居是讓人感受昔日日本人將大自然視為神明敬拜，極其珍貴的場所。建議各位不妨來到與海共存的大洗町，欣賞壯麗海景的同時讓心靈感受日本文化的洗滌。

大谷資料館
Oya Museum

90

「大谷資料館」內展示的大谷石採石場遺跡，是廣達 2 萬平方公尺的巨大地底空間，宛如埃及金字塔內部的超現實世界。在四周皆是田園景致的地方，突然出現城牆，想必任誰都會為之激動。大谷資料館所在地原本是大谷石的礦區，從初期到 1960 年（昭和 35 年）為止都是以人工手動開採，後續轉為機械化，直到 1979 年才以

資料館型態，將採石場對外開放。深度可達 30 公尺的地底空間，至今整年仍維持 8 度均溫。從岩石縫隙射入的光線、室內的水窪和空間內部的燈光相互輝映，彷彿是座散發神祕氣息的自然美術館。

大谷寺
Oya Temple

91

「大谷寺」的「大谷觀音」是獲選為日本遺產的宇都宮大谷石文化當中，具代表性的文化資產。據傳完成於 810 年的大谷觀音，是直接在天然石洞牆面雕刻而成的千手觀音像。人們相信「擁有千手與千眼的觀音能拯救宇宙全人類、所有生物」。這也讓我們明白石頭堅硬不變的物理特質，使得石頭自古以來就在人的生活中扮演著極為重要的角色。除了大谷觀音之外，也別忘了參觀供奉辯財天的辯天堂。

● 豆知識

・辯財天與白蛇的傳說

傳說大谷這裡的池中有毒蛇棲息，散布毒液造成人們的困擾。弘法大師便施以祕法，驅走毒蛇。之後毒蛇改頭換面，變為白蛇，成為七福神當中唯一的女神辯財天（掌管開運、財運）的使者。據說參拜後摸一下白蛇的頭能獲得保佑。

92

スッカン沢
Sukkansawa

SUKKAN 澤

「SUKKAN 澤」溪谷不只地名讓人一聽難忘，也是母親推薦給我的景點，所以有了這趟櫪木縣一日遊。「SUKKAN 澤」的溪水來自高原山的破火山口，因此富含礦物質和碳酸等成分。據說以前這一帶的水味道辛辣，無法飲用而被稱為

「醋辛（日文發音為 SUKKARAI）澤」，演變至今便形成「SUKKAN 澤」這個地名。順著周圍環繞清澈溪流和森林的遊憩步道前進，穿過數座瀑布＊才會到盡頭。走過終點的「SUKKAN 橋」，映入眼簾的是曾在明治時代被比喻成「大蛇」的「桂之大木」。位在這棵參天巨木旁的「薙刀岩」，是高原山噴發時流出的熔岩冷卻形成的柱狀節理衍生的自然藝術。「SUKKAN 澤」不愧是匯聚櫪木縣自然寶藏的祕境。

● 豆知識

· 欣賞 SUKKAN 澤的瀑布

「雄飛瀑布」是 SUKKAN 澤一帶規模最大的瀑布；另外還有「咆哮霹靂瀑布」、「素簾瀑布」、「仁三郎瀑布（別名：舞姬瀑布）」、「雷霆瀑布」等瀑布。

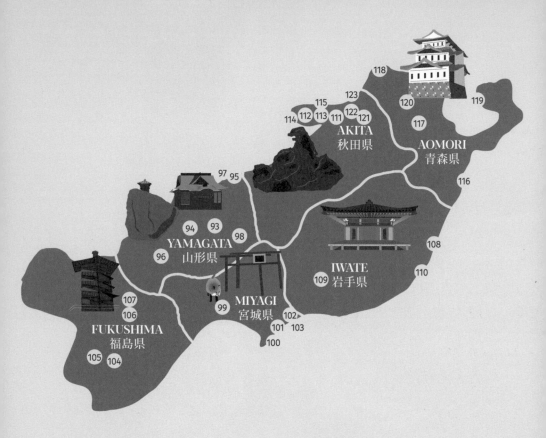

山形県 YAMAGATA

福島県 FUKUSHIMA

宮城県 MIYAGI

TOHOKU REGION

東北

山形県　宮城県　福島県
岩手県　秋田県　青森県

東 日 本 大 震 災

HIGASHI NIPPON DAISHINSAI

2011 年 3 月 11 日下午 2 點 46 分左右，日本天搖地動。我現在再一次回顧這段日後人們稱之「東日本大地震」的歷史，而這也是身為日本人不該遺忘的記憶。

根據日本內閣府網站的東日本大地震特集內揭露的內容，東日本大地震的震央位在宮城縣牡鹿半島東南東方 130 公里附近，深度約 24 公里。當時記錄的地震規模為芮氏規模 9.0，是日本國內地震觀測史上最大規模的地震。根據美國地質調查局的資料顯示，東日本大地震是自 1900 年起全世界規模第四大的地震。在以岩手縣、宮城縣、福島縣為主的太平洋沿岸地區觀測到的主震震度，就屬宮城縣北部的栗原市測到的震度最大，高達 7 級。除此之外，在宮城縣、福島縣、茨城縣、櫪木縣等處也測得 6 級以上的震度。從北海道到九州地區也分別測到搖晃程度近 6 級至 1 級的震度。

我當時正駕車行經東京迪士尼樂園，而東京迪士尼樂園所在的千葉縣，震度達 5 級以上。地震發生的當下，我還不明白事情的嚴重性，但隨後引發前所未見的情景，至今仍令我難以忘懷。

最先映入眼簾的是周圍建築物裡的人爭先恐後地衝到馬路上的景象。這過程中有許多東西不斷從建築物的高樓層掉落，我立刻理解眼前的狀況十分危險。在此同時，我的車子嚴重晃動以致無法操控，而周邊的車子也突然停下，視線可見的景色左右大幅搖晃，更是我生平第一次經歷！我企圖減緩車速想駛離現場，但眼前的道路出現裂痕，如同電影般地噴出水來。感覺再這樣下去會無法動彈不得的我旋即迴轉折返，往不同方向駛去，前往高處避難。這麼一來還目擊遠方有幾棟建築物正在冒煙。（後來才知道那是地震引發的火災。）

我當時所在的地方是填海形成的土地，而沙土從人行道湧出的情景也讓我印象深刻。海裡的沙土遮蔽了我的視線。同時，社群網路上各種資訊交雜，而我也逐漸理解整個日本陷入混亂的狀態。

根據上述內閣府網站資料顯示的受災情況等資訊，目前仍有不少人下落不明，直到 2022 年的現在仍無法掌握全貌！（緊急災害應變總部公布的資料中）在地震發生後逾 3 個月左右，約

有 15,000 人死亡,另外約有 7,500 人下落不明、約 5,400 人在地震中受傷。此外,從氣象廳潮汐觀測點測得的數據,已知侵襲各地的海嘯高度分別是福島縣相馬市有 9 公尺以上,這相當於集合式住宅 2～3 樓左右的高度;岩手縣宮古市和大船渡市遭遇的海嘯高度達 8 公尺以上,而在宮城縣石卷市鮎川測得的海嘯高度則有 7.5 公尺以上。除此之外,在宮城縣女川漁港也發現高度達 14.8 公尺的海嘯痕跡。

天災奪走的和天災帶來的人事物。

從那天起,有來自全球為東日本大地震災民提供的援助活動和溫暖的話語。世界各國、各地區和國際組織紛紛向日本政府表達慰問和傳遞鼓舞的訊息。

地震發生後過了幾個月,約莫是 5 月的時候,來自 159 個國家和地區及 43 個國際組織表明願意提供支援,也是我們不能遺忘的一件事。不只救援物資、捐款,還有救援隊伍前進災區執行救援工作。東日本大地震當時,日本政府也例外允許未持有日本醫師執照的外籍醫師提供醫療支援。頓時就有來自世界各地的醫療支援團隊前來日本,開始提供援助。身為日本人也絕對不能忘記世界各地的一般民眾不只捎來「Pray for Japan(為日本祈禱)」、「I Love Japan(我愛日本)」、「我們的心與日本民眾同在」這些溫暖人心的打氣訊息,同時也積極援助災區的義舉。

除上述之外,我還想藉著這個篇幅記錄的是「臺灣」的援助。在東日本大地震發生前,「臺灣」的存在對我來說,不,恐怕是對許多日本人而言,並不是那麼熟悉。但在那一天之前這個身處大國陰影下的國家,本著幫助朋友的意念挺身而出。當時,日本全國正因新聞裡逐日增加的受災人數陷入困頓,但同時臺灣這個國家的名稱也頻頻出現在報導中。至今我仍記得,彷彿是在黑暗中看見的光芒令人目眩一般,「臺灣」這個名詞為處於低潮的日本帶來了希望。

對樂於助人的臺灣人而言,那或許是微不足道的事。每年在臺灣或在日本各地對臺灣表達謝意的話語,或許對臺灣人來說,你們認為日本人不用再這樣感謝。

但對我們日本人而言,是無論如何都不能忘記要為當時受到的幫助抱著感恩的心。由衷信任臺灣這個和日本同樣守護亞洲和平的國家,同時將臺灣視為跨越海洋、真正的家人,這樣的想法將會持續傳承直到永遠。謝謝你們,今後也請繼續關照我出生的國家。多謝臺灣。

立石寺
Risshaku ji Temple

93

「立石寺」較為人熟知的名稱是「山寺」，但正式名稱則是「寶珠山立石寺」。立石寺的占地範圍包含整座山，從山腳到山頂共有約 30 座大大小小的堂、塔。有 8 百階以上的石板階梯，連結代表寺院入口的「山門」和位在頂端、供奉釋迦如來和多寶如來的「奧之院」，而據說走完這些階梯可以消除煩惱。或許有人聽到階梯數後，不免自認「沒信心能走完……」但在這段不需要登山裝備就能前往的參拜路徑途中，會接連出現岩石因經過長時間的風雨侵蝕而形成阿彌陀佛樣貌的「彌陀洞」、在 1848 年用欅木重建的「仁王門（山門）*」等吸引人駐足欣賞的風景，其實不知不覺就能抵達終點。

此外，參拜奧之院後的回程途中，不可錯過的是建於巨岩上的「開山堂」與「納經堂」。立石寺的開山祖師圓仁的遺體就埋葬於開山堂所在的山崖下方洞窟內。

讓人印象深刻的紅色小小的納經堂，是立石寺當中最古老的建築物，也是山形縣定文化資產。而可說是立石寺參觀行程終點的「五大堂」，擁有能將山寺周圍景色盡收眼底的絕佳瞭望視野，與前述的兩座經堂，皆可堪稱為山形縣數一數二的絕景。

● **豆知識**

・寺院參拜禮儀

1. 在山門前一鞠躬：山門是寺廟的入口，所以先在這裡端整儀容再一鞠躬，接著跨過山門的門檻，沿著步道側邊前進（因為正中央是給神明通行的）。
2. 在「手水舍」淨手、淨口：用右手拿起水杓舀取整杓的水，先潔淨左手再換用左手拿水杓，接著潔淨右手，隨將少許的水倒在左手掌心內，再送到嘴邊以此淨口，接著再倒水潔淨左手。最後讓水杓握柄朝下，讓剩餘的水潔淨握柄後放回原位。
3. 參拜本堂：這裡若有賽錢箱，可以隨喜投入香油錢。立正站好，雙手合十向神明許願，但不需要像參拜神社那樣拍手。最後再一鞠躬，離開本堂。
4. 離開山門：回程從山門離開時，再轉身雙手合十且一鞠躬。

山形 Yamagata

地　址
ADDRESS　山形県山形市山寺 千手院

94

垂水遺跡（古峯神社）
Tarumizu Remains（Kobuhara Shrine）

「垂水遺跡」座落在裏山寺（正式地名為「峯之浦」），「裏山寺」指的是山寺（寶珠山立石寺）這個山形縣知名景點的後方一帶，包含千手院、城岩七岩、垂水遺跡和修驗場等景點。據說山寺的開山祖師圓仁曾在垂水遺跡修行，獲啟發創建山寺的靈感。另外，直到大正時代為止，垂水遺跡附近也曾是山岳信仰的修行者居住、修行的神聖場所。我造訪那天雖是萬里無雲的晴天，但垂水遺跡位在覆蓋白雪的山裡，又有高聳參天的樹木和經過風化形成蜂巢狀的岩山遮蔽光線，因此有點陰暗。彷彿守護著鳥居一般的岩窟、紅色的稻荷神社神龕和自然景色近在眼前，令我深受感動。

山形 Yamagata

95 小野曽神社
Onoso Shrine

山形県飽海郡遊佐町吹浦小野曽 230-2

小野曾神社

低調矗立於住宅區附近的「小野曾神社」。通往神社的小徑兩旁是高聳參天的杉樹，散發著與大自然融為一體的神祕感，叫人為之屏息。在探訪了山形縣東西兩頭之後，這裡仍讓我覺得是名副其實的祕境。

山形市立鄉土館 96
Yamagata City Local History Museum

山形県山形市霞城町 1-1

這次會造訪「山形市鄉土館」是因為它有著類似客家土樓的建築造型，引起我的好奇。館中央有座中庭，這座由上往下看呈圓形的建築物，據說是參考以前位在橫濱的英國海軍醫院打造的。

97 丸池様
Maruikesama

山形県飽海郡遊佐町 直世荒川 57

「丸池様」是位在鳥海山山腳，一座由天然湧泉形成的水池，自古以來就是人們信仰的對象，而有丸池樣之稱。這座直徑 20 公尺、水深 3.5 公尺的水池不只水質清澈，也會隨著光線變化呈現夢幻的顏色，因而成為網美照的熱門景點。

● 豆知識

關於丸池樣的池水

- ・最適合拍出夢幻網美照的時段是晴天的中午前後。
- ・附近的牛渡川到秋天會有鮭魚逆流而上。
- ・池水整年都保持 11 度，因此倒在池中的樹木不會腐朽。
- ・有多刺魚這種淡水魚棲息。

⚠ 注意事項

禁止進入池中，也嚴禁捕魚。

98 銀山温泉
Ginzan Onsen

銀山溫泉

曾是 NHK 晨間連續劇《阿信》的拍攝地，外加古色古香的建築和溫泉旅館前的紅色橋梁，不免引人聯想起動畫片《神隱少女》的「銀山溫泉」，是吸引不少遊客和溫泉愛好者造訪的溫泉勝地。銀山溫泉的名稱，源自江戶時代初期此地蓬勃發展的

「延澤銀山」。在 1689 年延澤銀山停止採礦後，銀山溫泉又成為供人長期停留利用溫泉療養病痛的溫泉療養地，名聞遐邇。銀山溫泉所在的尾花澤市為了振興觀光，在 1986 年訂定了《銀山溫泉建築景觀保存條例》，維持此地建於大正末期到昭和初期具有特色的建築。當雪花飄落，身在山形縣的溫泉鄉泡著足湯同時呼吸著冷冽新鮮的空氣，是一種療癒身心的享受。

99

宮城蔵王キツネ村
The Miyagi Zao Fox Village

宮城藏王狐狸村

我這次造訪宮城縣說是為了「宮城藏王狐狸村」專程前來，一點也不為過！藏王狐狸村位在藏王連峰的山麓，也就是海拔約 590 公尺的南藏王地區，放眼望去四周盡是大自然。占地廣闊的園區內，約放養了 100 隻以上的狐狸，遊客可以近距離觀察充滿野生氣息的狐狸生態，不只吸引日本遊客前來，也有不少外國觀光客慕名而

來。入冬後狐狸的毛會換成蓬鬆柔密的冬毛，因此可以鎖定10月之後的時期造訪。若是在白雪靄靄的季節來到藏王狐狸村，還能拍到狐狸在雪地裡休息的模樣。每年限定期間也推出抱小狐狸的體驗活動（需另外付費），這絕對是難得的經驗。但參觀時有許多特殊的注意事項 * 需要遵守，像是購票時售票員會出示被狐狸啃碎的信用卡等，以叮嚀遊客注意，因此帶小孩前往的旅客請多加注意。

⚠ 注意事項

① 前往宮城藏王狐狸村的巴士班次等會隨季節調整，請特別留意。
② 會酌收入場費。
③ 每位兒童需有1名成人陪同（例如：2名成人不可帶3名兒童入場）。
④ 勿擅自觸摸狐狸。
⑤ 注意隨身攜帶物品。
⑥ 勿近距離蹲下拍照。
⑦ 勿將繩子之類的物品垂下搖晃。
⑧ 勿穿黑色緊身褲或是裙擺較寬的裙子等。

100 仙台うみの杜水族館
Sendai Umino Mori Aquarium

仙台海洋森林水族館

以創造人和海洋、水與人之間的全新
關係為宗旨的「仙台海洋森林水族
館」，闢有日本海洋生物和世界海洋
生物展示區，還有重現東北地區引以
為傲，世界三大漁場之一的三陸海域
海洋生態，以及名為「閃耀生命光芒
之海」的巨大水槽等精彩展區。這座

從外觀難以想像內部有多豐富精彩的水族館，不只能滿足攜家帶眷的遊客，也讓我邊逛邊發現讓人眼睛一亮的驚喜。陽光從天花板直接射入巨大水槽，讓遊客得以欣賞悠游三陸海域中的虹魚、日本鯖魚、比目魚、白斑星鯊等生物原有的姿態。多達 2 萬條的沙丁魚成群游動的景象，也十分震撼。不受天候好壞影響，隨時都能近距離體驗海洋生命之美的仙台海洋森林水族館，讓我這趟旅程更加充實。

松　　島

名列日本三景，同時也是日本具代表性的景觀之一的「松島」，指的是松島灣內 260 多座的大小島嶼和松島灣沿岸一帶。據說很久以前松島灣曾是陸地，歷經地殼變動、陸沉現象外加溫室效應的影響，使得陸地上的山丘變成浮於海面的島嶼，隨後又因日積月累的海蝕、風化作用而逐漸形成海蝕崖等景觀。這篇將一併介紹松島地區的精彩景點。

101

宮城縣宮城郡松島町松島字町內 67

円通院　　圓通院
Entsu in Temple

「圓通院」是祭拜伊達光宗的靈廟，光宗是戰國武將獨眼龍伊達政宗的嫡孫。圓通院的三慧殿是日本國定重要文化資產，裡頭供奉著騎馬的光宗塑像，而安置光宗塑像的櫥櫃，繪有玫瑰、水仙、方塊、梅花、紅心和黑桃等受到西洋文化影響的圖樣。除了三慧殿這棟宮城縣內最古老的祠堂建築外，圓通院的結緣觀音和充滿意境、隨四季變化展現不同風貌的數座庭園，也值得一覽。

102

宮城県宮城郡松島町松島仙随 39-1

福浦島・福浦橋
Fukuurajima・Fukuurabashi

●● 豆知識

・松島上流傳的「過橋順序」

①渡月橋（斷緣橋）：斬斷孽緣。
②福浦橋（相遇橋）：遇見良緣。
③透橋（結緣橋）：締結良緣。
這 3 座橋都在徒步可達的範圍內，當中只有通往福浦島的福浦橋要收費。

長約 250 公尺且橋身漆成紅色的「福浦橋」，是連結松島海岸和松島灣內「福浦島」的橋梁。這座橋的部分橋墩曾在東日本大地震中受損，幸有臺灣日月潭的觀光船業者募集的善款充作修繕資金，而在福浦橋整修完成後，松島町公所於橋畔設置標示牌，說明福浦橋是臺日之間「堅定情誼的橋梁」，以表謝意。

103

五大堂・透かし橋
Godaido・Sukashi bashi Bridge

五大堂・透橋

位於松島海岸的瑞巖寺「五大堂」，因安放了五大明王像而得名。現存的五大堂是伊達政宗在慶長 9 年（1604 年）重新建造而成，而這也是東北地區最古老的桃山式建築，因此成為國定重要文化資產。安放五大明王像的神龕每隔 33 年才開啟一次，下次預定開啟時間將是 2039 年。要前往五大堂，得先走過橋面呈格子狀、能看得到橋下的海面，走起來有點驚心動魄的「透橋」。

⚠ **注意事項**

因特殊的橋面結構設計所以嬰兒車和輪椅無法通行。

104

会津さざえ堂
Aizu Sazaedo

會津蠑螺堂

建築物內部呈雙螺旋結構，宛如重現漫畫《咒術迴戰》世界觀的「會津蠑螺堂」，因特殊的結構和外觀形似蠑螺而得名。而這般奇特的結構究竟出自何人手筆？有一說是達文西設計法國香波堡的雙螺旋梯的設計圖輾轉流傳到會津若松，但真實性如何，至今仍是個謎。順著螺旋狀的木頭斜坡往上走，再跨越最頂端的太鼓橋，會看到逆時針方向的下行斜坡，也就是說上樓路線和下樓路線是兩條不交會的單行道。以前，會津蠑螺堂裡曾擺放「西國三十三箇所」供奉的 33 尊觀音像，順著堂裡的坡道繞一圈，即可完成三十三箇所 * 的巡禮，真是有趣的創意。在春天造訪，便能欣賞環繞在會津蠑螺堂周邊的櫻花盛開的模樣。

●● 豆知識

・何謂西國三十三箇所？

西國三十三箇所指的是分布在近畿地區 2 府 4 縣和岐阜縣的 33 處信仰、供奉觀音的靈場統稱。這是日本歷史最悠久的巡禮路線，至今仍有眾多參拜者前往朝聖。

105

大内宿
Ouchijuku

屬於日本國定重要傳統建物群保存區
的「大内宿」曾是江戶時代的驛站，
現在街道兩旁仍有 30 棟以上茅草屋
頂的民房並排相連，如此景象彷彿穿
越時空回到江戶時代。大内宿的攝影
點是「大内宿見晴台」，位在名為湯
殿山這個制高點上，在這裡就能拍出
如同旅遊書上的照片唷。

日中線櫻花隧道

106

日中線しだれ桜並木

The Nitchu Line in Kitakata Which Boasts the Shidare Zakura

「日中線」原本是連結喜多方車站和熱鹽車站的火車路線，在 1984 年停駛後整建為自行道兼人行步道，當中原為喜多方車站通往會津村松車站長約 3 公里的區段，種了近千株的枝垂櫻，到了春天盛開的粉色櫻花形成「櫻花隧道」，穿梭其中抬頭欣賞枝頭上綻放的櫻花，能近距離感受春天的氣息。步道整建完善，因此有不少推輪椅和娃娃車的遊客扶老攜幼前來，在這難得的地方一同享受櫻花交織而成的美景。

107

喜多方ラーメン

Kitakata Ramen

喜多方拉麵

聞名全日本的「喜多方拉麵」是源自福島縣喜多方市的美食。喜多方拉麵基本上採用醬油味湯底，但不同店家的湯頭色澤和風味迥異，像是鹽味、醬油味或是介於這兩者之間的味道，幾乎沒有味道完全相同的拉麵店。喜多方拉麵使用寬約 4 mm 的粗麵，而且製作麵條時會加入大量水分且花時間熟成，因而稱為「平打熟成多加水麵」。這款麵條的特徵是有嚼勁且外形略呈波浪狀。在喜多方市到處都能看到賣喜多方拉麵的看板，不妨憑直覺選擇一家店走進去，品嚐這在地的美味吧。

龍泉洞
Ryusendo Cave

108

我這次造訪了位在日本本州島面積最大的町也就是岩手縣岩泉町，周邊環繞著自然山林的「龍泉洞」。總長達 5,000 公尺以上的地下世界，仍留有未開發的區塊，面對這樣的鐘乳石洞，想必任誰都會興起一股冒險情懷。遠古時代因地殼變動而隆起的石灰岩，在地下水日積月累的侵蝕下形成鐘乳石洞。這次照片介紹的是水深 35 公尺，湖水清澈似可見底，在燈光照耀下呈藍色、有種夢幻迷離美的「第一地底湖」，是造訪此地絕對不容錯過的景點。

109 中尊寺
Chusonji Temple

構成世界遺產「平泉—象徵佛教淨土的
建築、庭園及考古學遺址群」其中一部
分的「中尊寺」，據傳是在西元 850 年
開山，後由治理平泉的藤原清衡在 12
世紀初期移至平泉。藤原清衡為了供養
在兩場爭奪勢力的戰役中犧牲的性命，
同時展現他想在東北地方建立如佛教淨
土般理想國度的理念，因此興建了不少
塔、堂等佛教建築，而獲指定為國寶的
中尊寺「金色堂」（此處禁止拍照）是
當中唯一留存至今的建築。

110

浄土ヶ浜
Jodogahama

淨土之濱

據說「淨土之濱」這個地名，源自距今約 3 百多年前造訪此地的僧侶，面對美景發出「宛如極樂淨土般」的讚嘆。淨土之濱是約 5,200 萬年前形成的火山岩組成的純白岩石和小石子構成的內灣，與外海相隔因此風平浪靜，還伴著黑尾鷗的叫聲。美麗藍海搭配生長於白色岩石上的松樹林，構築出宛如日本庭園般的景色。搭乘無遮蔽頂篷的小漁船遊覽的「淨土之濱周遊觀光（藍色洞窟）」行程也很受歡迎。觀光導覽員告訴我「這裡的海水顏色會隨著季節、時段、透明程度和光線等各項條件而變化，因此每天都會展現不同的樣貌。若要前往藍色洞窟，盡可能選上午時段比較早的時間，比較可能看到美麗的海水顏色」。

秋田 Akita

地址
ADDRESS 秋田県男鹿市脇本富永寒風山 62-1

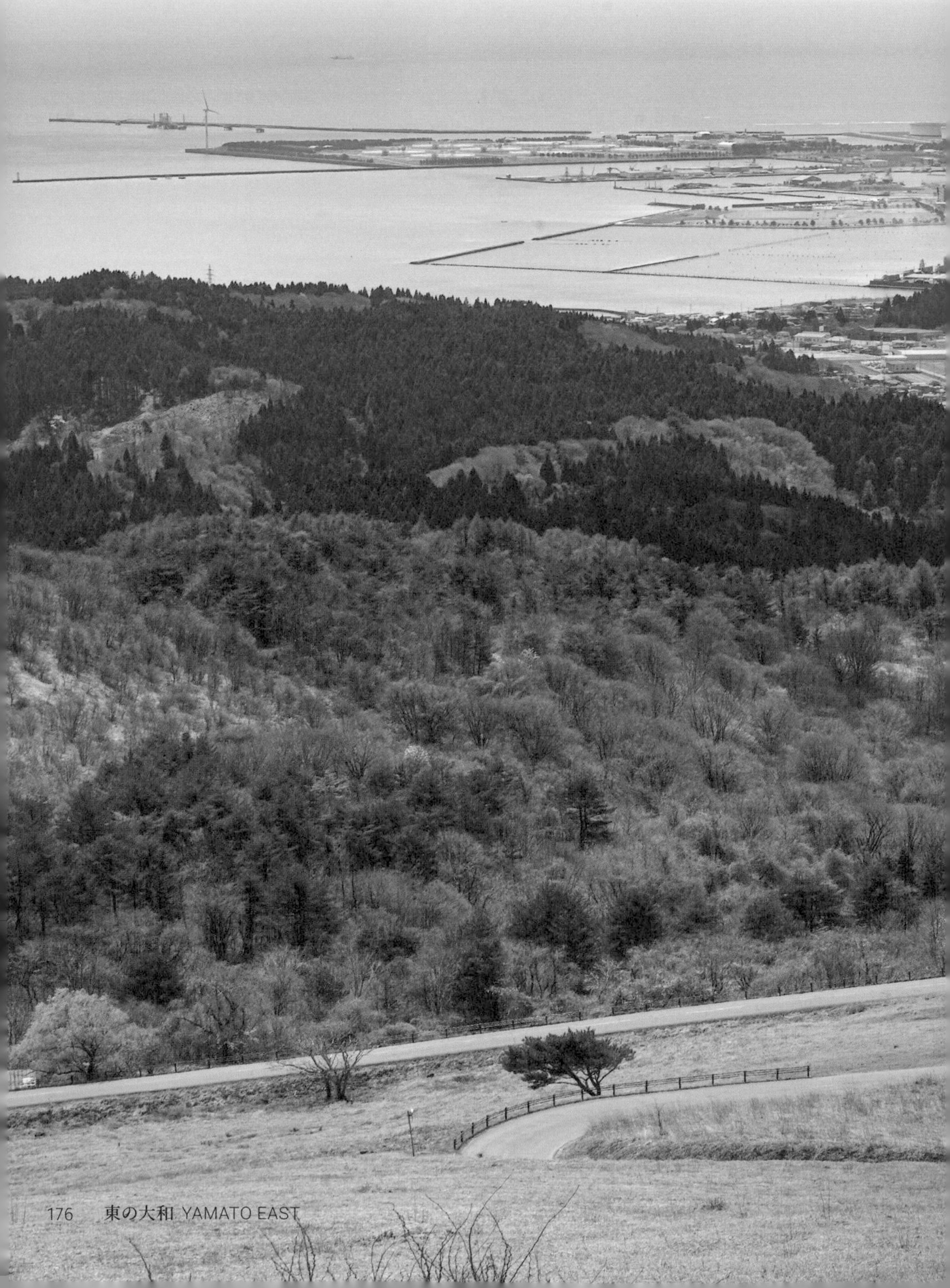

111

寒風山回転展望台
Mt. Kampu Revolving Observatory

寒風山迴轉展望台

若想飽覽秋田縣的風光，「寒風山迴轉展望台」會是首選景點。這座會旋轉的展望台，13 分鐘轉一圈，一次就能將宛如拋物線般圓弧的海岸線、遠處的鳥海山等景觀，360 度全景盡收眼底。離開寒風山迴轉展望台往下坡方向走，來到散發復古氣息的「寒風山食堂」享用親子丼，採購秋田伴手禮，感覺格外舒暢。我的男鹿半島之旅就從這裡開始。雖然不好意思大聲說出來，但告訴各位其實不登上展望台，站在這一帶也能欣賞視野遼闊的美景哦。

地址 ADDRESS 秋田県男鹿市戸賀加茂青砂 鴨85

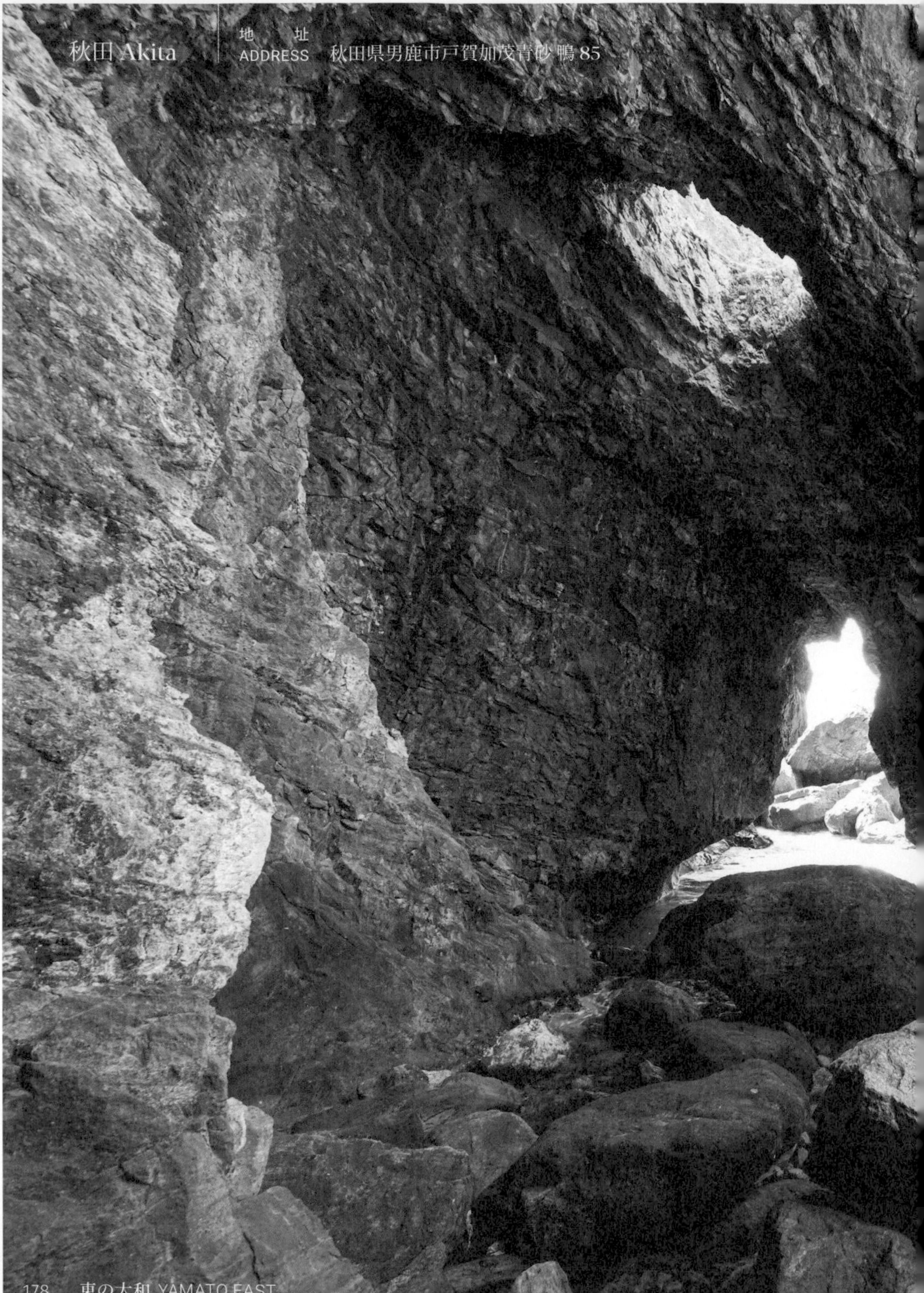

112 カンカネ洞
Kankane Cave

鉤掛洞

就算有落石、大浪而且十分危險，這處祕境依然吸引人前往一探究竟。「鉤掛洞」
是男鹿半島最大的海蝕洞，頂端和朝海的方向都有開口，從頂端射入的陽光和從開
口湧入的海浪，營造出一種夢幻的氛圍。從位在加茂青砂部落的停車場步行數分鐘
就能來到鉤掛洞，喜歡冒險的旅人千萬別錯過，但要特別注意岩石崩落等危險。

113

なまはげ館
Namahagekan

生剝館

驅車來到男鹿市，便會看到大型的「生剝怪」迎接遊客到來。「生剝」是秋田縣男鹿半島的傳統民俗活動，當地居民會在除夕夜裡戴上妖怪般的面具，穿上稻草紮成的服裝，挨家挨戶敲門，喊著「有小孩在哭嗎？壞孩子在哪裡啊？」現已是說到秋田，不得不提的一項傳統習俗，更在 2018 年登錄為 UNESCO 的無形文化遺產。這次我造訪了「生剝館」體驗這項傳統民俗活動。

村民戴上有如鬼怪般恐怖的面具，手持木頭削成的菜刀，挨家挨戶拜訪。一開始是由名為「先立」的人來到屋內，確認是否適合生剝怪入內（因為生剝怪不會進入當年曾發生不幸或有病人的家中）。確認完畢後，生剝怪便會大喊「有愛哭鬼嗎？」、「有懶惰鬼嗎？」並用力敲門，同時揮舞著手上的木製菜刀，在屋內四處走動。那種情景的震撼力連大人看了也不由得發抖。之後，屋主為了安撫生剝怪，會端出菜餚和酒，彷彿是學校老師與家長、學生三方會談一般，聊起家中最近發生的事。待問答結束後，生剝怪便為這一家祈求隔年無病無災和豐收，接著起身離開前往下一戶。

此時，生剝怪也會對這家的孩童說：「我明年還會再來，你們若不乖，我就會把你們帶走。」據說幾乎所有曾與生剝怪近距離接觸的孩童，只要聽到生剝怪的名號就會乖乖聽話。即便不是除夕日，來到生剝館都能體驗這個傳統習俗。各位若到秋田，千萬別錯過體驗秋田文化的機會。

秋田県男鹿市船川港本山門前馬場崎

ゴジラ岩
Godzilla Rock

114

哥吉拉岩

「哥吉拉岩」是男鹿頗具代表性的景點。一如其名，這個由火山噴發物形成的岩石，恰巧狀似經典怪獸電影的主角「哥吉拉」。黃昏時分，當夕陽剛好落到哥吉拉岩嘴部的位置，便會形成宛如哥吉拉噴火的絕景，吸引不少攝影愛好者和觀光客爭睹。 哥吉拉岩據說是距今約 3 千萬年前火山噴發產生的火山礫凝灰岩，在經年累月的風化後而有了這樣的造形。這是我第二度造訪，坦白說我認為這看起來真的是恐龍的形狀。

秋田県男鹿市北浦入道崎昆布浦 2

115

入道崎
Nyudozaki

「入道崎」是位在男鹿半島西北邊的知名景點。如茵綠草、碧藍海水和湛藍天空的組合，正是這裡的迷人之處。除了讓人忘卻塵囂的自然美景外，還有獲選為「日本燈塔50選」的入道崎燈塔。這座燈塔是全日本僅16座「可登到塔頂」的燈塔之一，因此若天候許可，切莫錯過登塔的機會，站在高處享受迎風的快感吧。

蕪嶋神社・葦毛崎展望台
Kabushima Shrine・Ashigezaki Observatory

116

「蕪嶋神社」可說是黑尾鷗的樂園。眼前盡是成群飛翔的黑尾鷗的景象，那種震撼力叫人難以言喻。這座神社自古以來即深受當地居民喜愛，像是正月期間前來參拜的人潮更是絡繹不絕。只是 2015 年發生火災，約有 280 平方公尺的木造建築慘遭祝融，社殿也全毀，幸好後續靠著捐款得以重建，而有現在的蕪嶋神社。神社內隨處可見巧思，像是社殿屋頂表現黑尾鷗振翅飛翔姿態，建築物內天花板上的雕刻和「龍」的畫作。每到 5 月遇上黑尾鷗繁殖和爭地盤的時節，會有大量的黑尾鷗盤旋翱翔，也讓人擔心會不會接到「天上掉下來的禮物」。所以蕪嶋神社鳥居旁備有雨傘供遊客使用。就算沒撐傘沾到鳥糞，也有人會因為這樣的「走運」而開心（日文的「糞」發音近似好運的「運」，故有此諧音寓意），因此是否撐傘全憑個人判斷。從這裡駕車數分鐘可到「葦毛崎展望台」，也頗值得順道一遊。

青森県北津軽郡鶴田町廻堰大沢 81-150

鶴の舞橋
Tsurunomaihashi

117

鶴之舞橋

横跨於津輕富士見湖的「鶴之舞橋」是日本最長的三連式拱橋，也是昔日丹頂鶴棲息地鶴田町的地標。在春天，看到優美拱橋與富士見湖公園的怒放櫻花，加上遠處雄偉的津輕富士「岩木山」構築的美景，讓人覺得不虛此行。從黎明到黃昏，從春天到冬天，隨時段和季節變換，展現截然不同風貌的鶴之舞橋，值得旅人來此一探究竟。

118 大岩海岸
Oiwa Coast

「大岩海岸」是大自然的鬼斧神工造就的獨特景觀。順著彷彿漫步在海上的步道，走向遠處的大岩，便會看到洞窟，再拾級而上就能登上大岩頂端。距離停車場只消徒步數分鐘，但從這裡可以飽覽有「津輕富士」之稱的岩木山、登錄為世界遺產的白神山地，甚至是日本海的全景。大岩上也有黑尾鷗築巢，就近感受大自然是這裡的魅力。

青森 Aomori

地　　址
ADDRESS　青森県下北郡佐井村長後 縫道石国有林地内

● 豆知識 ──────────────────

·如何前往佛浦＆注意事項

·雖然前往佛浦可自駕，但要從停車場前往有奇岩群的海岸，得先走過樹林中的步道，徒
步來回約費時 40 分鐘，建議對腳力沒自信的人搭乘觀光船遊覽。

·4 月到 10 月這段期間有從佐井港或青森港出發前往佛浦的觀光船、遊覽船，但要留意有
的行程是純搭船欣賞，有的卻是搭船加上岸遊覽。5 月到 7 月這段期間搭船，運氣好的話
說不定能看到海豚。

119

仏ヶ浦
Hotokegaura

佛之浦

青森縣的祕境就在這裡！「佛浦」的奇岩群，巨大到要抬頭仰望才能一睹全貌。佛浦位在本州最北端，形狀奇特的下北半島，是距今約 2 萬年前海底火山活動形成的絕景，同時也是日本國定名勝及國定天然紀念物。不論是從青森市還是八戶市前往，都要舟車勞頓一番才能抵達佛浦，但這裡宛如異世界的景觀，確實有一訪的價值。

120　弘前さくらまつり
Hirosaki Cherry Blossom Festival
弘前櫻花祭

曾獲選為世界絕景的「弘前櫻花祭」美到讓人「想在死前親睹」！我從臺灣回到日本後，第一件想做的事就是「去看弘前城的櫻花」。隨著櫻花前線北上，弘前城的櫻花從 4 月下旬開始綻放。弘前公園內栽種的櫻花約 50 種，共計 2,600 棵，主要品種為染井吉野櫻，還有枝垂櫻、八重櫻等品種。盛開的櫻花交織而成的花海，真的是日本第一。弘前城的觀光導覽員說他們運用在樹根擺放冰塊等方法來調整開花時期，好讓櫻花盛開期落在黃金週。也有不少弘前市民來當志工清掃環境，持續守護這個堪稱日本第一的櫻花美景。

近年來引發話題的是弘前公園外濠（護城河）的花筏（掉落的花瓣布滿河面順流漂流，看似如渡筏）景色。護城河面布滿掉落的櫻花花瓣，彷彿鋪上櫻花毯的景象，真的是絕景。在園方悉心呵護下的栽種、維護的櫻花，花朵著生狀態極佳，才能呈現如此生氣蓬勃、無比倫比的壯觀美景。若想欣賞櫻花盛開景色，別忘在出發前把資料查好查滿。請一定要在死前，親睹弘前櫻花絕景！

NIPPON NO SEKAI ISAN

日 本 の 世 界 遺 産

日本有哪些世界遺產？

為保護具有顯著普世價值的文物、建築、遺址、自然地貌、動植物棲息地、自然區域等應傳承後世且無可取代的人類共同資產，聯合國教育、科學及文化組織（UNESCO）在 1972 年通過了《保護世界文化和自然遺產公約》，也就是一般通稱的《世界遺產公約》。截至 2021 年，共有 194 個國家簽署這公約，日本也是其中之一。

根據日本文化廳網站的資料（2022 年 8 月當時），日本共有 25 項世界遺產。以下是按照登錄的年分，從日本首獲登錄世界遺產的「法隆寺地區佛教建築」排列至 2021 年（令和 3 年）最新登錄為世界遺產的「北海道與東北地區北部繩文遺址群」。

（1）法隆寺地區佛教建築＊（奈良縣）

（2）姬路城（兵庫縣）

（3）屋久島（鹿兒島縣）

（4）白神山地＊（青森縣、秋田縣）

（5）古都京都的文化資產＊（京都府、滋賀縣）

（6）白川鄉與五箇山合掌造聚落＊（岐阜縣、富山縣）

（7）原爆圓頂館（廣島縣）

（8）嚴島神社（廣島縣）

（9）古都奈良的文化資產＊（奈良縣）

（10）日光的神社與寺廟（櫪木縣）

（11）琉球王國的城堡及其相關遺產群＊（沖繩縣）

（12）紀伊山地的聖地與朝聖路＊（三重縣、奈良縣、和歌山縣）

（13）知床＊（北海道）

（14）石見銀山遺跡與文化景觀＊（島根縣）

（15）小笠原群島（東京都）

（16）平泉—象徵佛教淨土的建築、庭園及考古學遺址群＊（岩手縣）

（17）富士山—信仰對象與藝術泉源＊（靜岡縣、山梨縣）

標 * 符號代表《大和日記：西日本》與《大和日記：東日本》曾提及的世界遺產。

（18）富岡製絲廠和絲綢產業遺產群（群馬縣）
（19）明治日本的工業革命遺產：鋼鐵、造船與煤炭產業＊（岩手縣、靜岡縣、山口縣、
　　　福岡縣、熊本縣、佐賀縣、長崎縣、鹿兒島縣）
（20）國立西洋美術館本館（東京都）
（21）「神宿之島」：宗像、沖之島與其相關遺產群（福岡縣）
（22）長崎與天草地區的隱祕基督教徒相關遺產＊（長崎縣、熊本縣）
（23）百舌鳥與古市古墳群（大阪府）
（24）奄美大島、德之島、沖繩島北部及西表島（鹿兒島縣、沖繩縣）
（25）北海道與東北地區北部繩文遺址群（北海道、青森縣、岩手縣、秋田縣）

秋田県山本郡藤里町藤琴大落

秋田

121 白神山地・峨瓏の滝　　白神山地・峨瓏瀑布
Shirakami Mountains・Garonotaki Waterfall

NIPPON NO SEKAI ISAN

日本の世界遺産

122

秋田

白神山地・銚子の滝

秋田県山本郡藤里町藤琴下湯の沢

Shirakami Mountains・Choshinotaki Waterfall

白神山地・銚子瀑布

123 青池
Aoike

青森県西津軽郡深浦町松神下浜松

AINU MOSIR

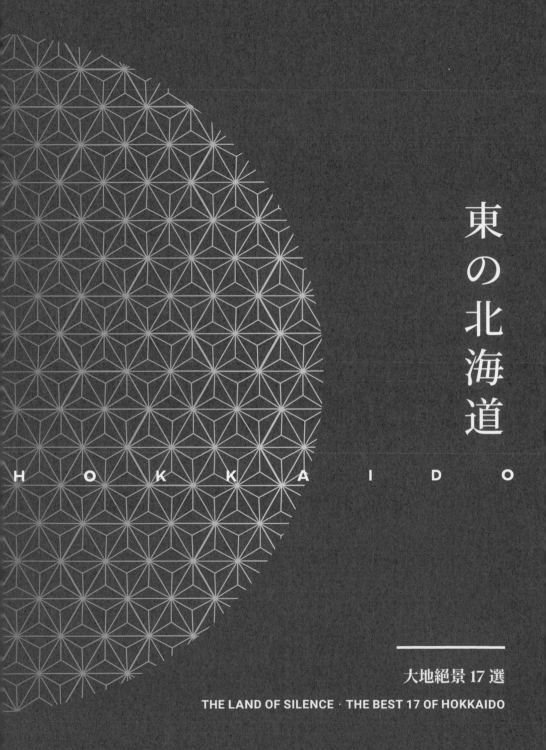

東の北海道

H O K K A I D O

大地絶景 17 選

THE LAND OF SILENCE · THE BEST 17 OF HOKKAIDO

125

127

138
137
139
136
140
130
135
124
128
131
126
134
132
129
133

HOKKAIDO REGION

北海道

INDEX NO.124-NO.140

關於

日本先住民——Ainu 愛奴民族

「Ainu」在愛奴語中意指「人類」的意思，愛奴族最初居住在北海道、樺太，以及由 20 座島嶼組成的千島群島和堪察加半島南部。目前則散住在日本的各地，主要是北海道和東京周邊。愛奴民族的人口約為 1 萬 3 千人，附帶一提，目前臺灣原住民人口約 58 萬人。

「愛奴語」使用的子音很少，所以愛奴語跟日本列島上的「和人」使用的日語幾乎沒什麼共同點，我的愛奴語老師說，從古至今，日語受外國文化的影響很大，而愛奴族為了跟外族交易，又沾染了許多異族色彩。江戶時代前，日本本土關於愛奴的紀錄很少，也很神祕。事實上，愛奴族是透過口耳相傳、民間故事、詩歌，傳統愛奴舞蹈和歌詞中所講述的故事來傳承文化習俗，上列各項都是「口傳文學」的一部分。愛奴文化是一種沉浸在祖傳形式中、色彩豐富、意義深刻的文化。

2009 年，聯合國教育、科學及文化組織（UNESCO）將愛奴語列為「瀕臨滅絕的語言」，日本曾強制推行「同化政策」，導致愛奴文化逐漸沒落。曾幾何時，以愛奴語為母語的人數僅存 10 人左右，且平均年齡超過 80 歲。但是，令和 2 年（2020 年）開幕的國立 Upopoy（民族共生象徵空間）博物館，努力介紹愛奴民族的歷史和文化，並且舉辦不分年齡的「愛奴語演講比賽」，非常積極地展開保護活動。

令和元年（2019 年），設立《推進實現尊重愛奴社會措施法》，旨在創建一個讓愛奴民族自信自豪的社會，目前我們還有很長的路要走，首先就向愛奴民族學習尊重自然、與自然並存的智慧吧。

● 豆知識 1

· 可以體驗愛奴文化的幾間博物館

— Upopoy（民族共生象徵空間）（白老郡白老町若草町 2）
　2020 年 4 月 24 日，日本第一間國立愛奴博物館在北海道白老伊湖畔開幕，以通俗易懂的方式，
　多方面地介紹愛奴族先住民的歷史和文化，還有「國立民族共生公園」，這是個可以結伴體
　驗愛奴文化的野外博物館，並提供與教育、旅行相對應的體驗課程。每週一（如遇節假日則
　次日）及年末年初休息。

— 札幌市愛奴文化交流中心（Sapporo Pirika Kotan）（札幌市南區小金湯 27）
— 北海道博物館（札幌市敦別區敦別町小波路 53-2）
— 平取町二風谷愛奴文化館（北海道沙流郡平取町二風谷 55）

● 豆知識 2

· 北海道主要地名所使用的愛奴語

（UNESCO 認定「愛奴語」為世界非物質文化遺產）

橫斷北海道時，會發現地圖上有很多用片假名寫成的地名，其中約有 8 成源自愛奴語。舉些例
子如下：

　札幌：サッ Sa（乾燥）·ポロ PORO（巨大）·ペッ PE（大河）
　小樽：オタ OTA（砂）·オル ORU（融化）·ナイ NAI（溪流）
　知床：シリ SHIRI（大地）·エトク ETOKU（前端）
　富良野：フラ FURA（臭味）·ヌ NU（具有）·イ I（物）
　※以花海著名的富良野，據說是有座硫磺山的關係，河水中帶著硫磺的臭氣。

除此之外，動物如 TONAKAI（馴鹿）、魚類如 SHISHAMO（喜相逢），也都是愛奴語。

124

阿寒湖アイヌコタン
Akanko Ainu Kotan

阿寒湖愛奴村

「KOTAN」在愛奴語中意為村子、聚落。對於深愛民族文化的我，愛奴村就像個迪士尼樂園，阿寒湖愛奴劇院擁有令人印象深刻的大型貓頭鷹雕塑，建築物重現愛奴民家，民俗的工藝品多為木雕，點點滴滴，都讓旅客能充分感受愛奴族的歷史和文化背景。「波羅諾」（PORONNO）＊是一家專門提供愛奴美食的餐廳，如果來到這裡，別錯過它了。使用了受惠於北海道阿寒山和阿寒湖的天然食材，做出原汁原味的愛奴菜餚。限量的「波切芋」（PPOCHEIMO）是用自然發酵的馬鈴薯製成，鬆脆的馬鈴薯與恰

到好處的奶油融合出獨特美味。「ラタスケプ」（RATASUKEPU）是由數種蔬菜（南瓜、玉米、黃蘗果實等）混合的沙拉。「優酷丼」（YUKKUDON）是用切得很厚的鹿肉製成的。這裡遵循愛奴民族「不要浪費食材」的守則，又加入現代風味，請務必來嘗試。

●● 豆知識

· 「波羅諾」的意思
在愛奴語中是「大」的意思。店主說，這家店不大，至少想用個大大的名字。

125

神威岩
Kamuiiwa

充滿魔力的天空、海洋與岩石構成了北海道這片蔚藍
大地,而位於北海道積丹半島的神威岩,乃是其中的
自然結晶。「KAMUI」在愛奴語中意為神,愛奴民族
相信存在於天地間的眾神降臨人間並以各自的形象統
馭世界。「神威岩」是一塊巨大的岩石,主宰著深藍
色的積丹地方。山、海、火、風、植物、伸手所及的
一切,一切都是神降臨在「AINU MOSIR」(愛奴民
族對於「人間/現世」的稱呼,詞意為「人間的靜謐
之地」)的化身。認識「KAMUI」是學習愛奴傳統文
化的重要關鍵之一。

126

頭大仏殿・モアイ像
Atamadaibutsuden・Moai

大頭佛殿・摩艾石像

在真駒內瀧野靈園廣闊的土地上，驀然出現一片薰衣草田，這裡有摩艾石像並排站立，緊鄰一側的就是「大頭佛殿」，這是座激發想像力的現代紀念碑，出自建築師安藤忠雄之手，2016 年落成的靈園顯得相對新穎。初次到訪時，發現地上連一點垃圾都沒有，草坪也養護得宜，偶遇的清潔工作人員親切地回答我

們的提問外，還提醒說道：「這裡開放讓所有想參觀的人進入、拍照，不只是個墓地，別錯過後面的巨石陣哦。」這樣明朗的管理方式令人感到心悅誠服。大佛殿的

設計是只有大佛的頭部從圓頂形的屋頂中露出來，即使從正面面對它，也只有走到底部才能看到全貌。前方是倒映著藍天的水上庭園，日本建築大師的手筆讓人目不暇給，顛覆了靈園的概念，變成了匯聚驚喜和微笑的地方。

● 豆知識 ─────────────────

· 佛像欣賞

佛像有不同的類型，每一種都有不同的造型和寓意。如何識別常見的幾種日本佛像造像呢？大致可分為 4 種，依其在佛界中從高至低的排列順序為：「如來」、「菩薩」、「明王」、「天部」。

如來 ▶修行證悟者，也就是指得道的佛陀，嚴格來說，只有如來佛像才稱得上是「佛像」。特點是頭上有一圈圈的肉髻，這頭像電棒燙般的捲髮，象徵著佛陀的智慧。釋迦如來就是創立佛教的釋迦牟尼佛，是佛教的起始之源。

菩薩 ▶這是菩薩在修成如來之前的模樣，所以穿著像上流社會的印度貴族，另一個特點是祂們常在頭上佩戴華麗的配飾，而觀音菩薩則化會作 33 種形態，對應各種煩惱。

明王 ▶密教的菩薩，尊崇大日如來的明王會粉碎人類對信仰的猶疑，使人們一心向佛，出於這個原因，祂們通常臉色嚴肅，手持武器，背飾火焰。

天部 ▶祂們是佛教的守護者，有各種各樣的身分。天部在天界的地位較低，所以祂們的特徵是面部近似凡人。

北海道網走市卯原内 60-3

127

卯原内サンゴ草群落地
Ubaranai Sangosogunrakuchi

卯原内珊瑚草群集地

能取湖畔長滿秋季限定的鮮紅色珊瑚草,只有每年 9 月下旬至 10 月上旬可以看到。被認定為天然紀念物的珊瑚草被稱為「厚岸草」,因在厚岸町厚岸湖中發現而得名。

128
駒場白樺並木
Komabashirakabanamiki

北海道河東郡音更町駒場並木 8-1

北海道有很多白樺樹,1910 年的電影、電視劇《駒場白樺並木》就是在這裡拍攝的,綿延 1 公里多的林蔭小路後面有展望台,可以眺望十勝平原和然別的群山,畜牧區和牧場則禁止進入。

129

北海道帯広市幸福町東 1 線

幸福駅　　幸福車站
Kofukueki Station

這是 1956 年在原日本國鐵廣尾線開通的車站，一直使用到 31 年後的 1987 年，本應隨著廣尾線的停運而廢棄，卻在廣尾線「愛國站→幸福」的車票開始銷售後，知名度越來越高，幸福車站被保留下來，成為給人們帶來好運的觀光景點。

北海道網走郡津別町豊永 214-2

130

川瀬牧場 ぎゅぎゅ〜っとテラス
Kawasebokujo Gyugyutto Terrace

川瀨牧場的牛牛露台

位於北海道東北部自然豐盛的鄂霍次克地區，川瀨家族為了要請大家「多吃些牛肉！」用心開設了「川瀨牧場的牛牛露台」，這裡的牛在得宜的氣候與清新的空氣中成長，每週限定數天，他們販賣自產的牛肉與自製香腸等加工品，請先查看他們的營業時間，一起在翻新過的老房子裡享用美味的畜產品和咖啡吧！

131

北海道根室市明郷 101

明鄉伊藤☆牧場
Akesato Itobokujo

位於與旭日最靠近的根室地區，在廣袤的土地上，一眼就能望見明鄉伊藤☆牧場那引人注目的紅色屋頂！這裡可以體驗酪農的生活（預約制）或與動物互動。牧場內有專賣北海道名產跟自家乳製品的小農雜貨店（E'table & Milk Cafe Grassy Hill），以牛奶和霜淇淋最受歡迎，我還要強烈推薦他們的原創品牌牛肉「明鄉短角牛」，可在牧場直營的餐廳吃到，目前伊藤☆牧場廣受矚目，非常知名！

北海道 Hokkaido　　地　址
ADDRESS　北海道千歳市モラップ（国道 276 号）

苔の回廊　132
Kokenokairo

苔之迴廊

未開發的「苔之迴廊」鋪滿了鮮綠色的青
苔，雖然它毗鄰支笏湖和樽前山，但它還
沒有被視為旅遊景點。至今約 300 年前，
樽前火山噴發時，滲出的熔岩在支笏湖附
近凝固，形成一道筆直的溪谷。彷彿累積
了百年來的靜謐，毫無人跡，所以不建議
一個人參觀。當我經過此處時，雖然在山
上，卻彷彿是走在布滿漂流木的小路上，
開闊自由順暢無阻。這個區域靠近棕熊的
活動範圍，建議大家「隨身攜帶熊鈴」、
「避開熊最活躍的清晨時段」，帶著登山
的準備挑戰吧。

●● 豆知識

· 如何抵達＆注意事項

—由於沒有公共交通工具可以抵達，只能開車過去。苔之迴廊的起點在「紋別橋」下方，但附近沒有停車場，可以選擇「莫魯普露營地」或「風不死岳登山口停車場」免費停車。

—不管停在哪個地方，從這兩個停車處到紋別橋都是走 15 分鐘左右的路程，不算太遠，但是國道 276 號通行車輛很多，在筆直的國道上多半開得很快，要注意危險。

—背對支笏湖，避開倒下的樹木，大約 10 分鐘就可以進入苔之迴廊。這裡任何一條路線都沒有路標，千萬要避免單獨行動，先和當地人確認路線再去。

細岡展望台‧釧路湿原
Hosooka Obervatory‧Kushiro Shitsugen

細岡展望台‧釧路濕原

133

細岡展望台可將日本最大的濕地釧路濕原盡收眼底。一望無際的釧路濕原，橫跨了北海道東部的 4 個市町村，約 2.8 萬公頃。細岡遊客休息室的工作人員告訴我們：「繩文時代海平面上升，釧路濕原變成了海灣，等海水退去，才形成了現在的自然環境。」在展望台能欣

賞、拍攝美麗的日落，釧路川則是吸引了自世界各地的人們來泛舟。離這裡最近的車站「JR 釧路濕原站」也別有一番風情，就近前往吧！

然別湖
Shikaribetsuko

134

別稱為「天空之湖」的然別湖，海拔約 810 公尺，是 3 萬年前火山噴發，熔岩切斷溪流而形成的天然湖泊，周邊有數條登山路線。以療效著名的溫泉「然別菅野溫泉」，號稱其泉水「沒有治不好的病」，大約距此 30 分鐘車程（北海道的車程 30 分鐘算是很近喔）。然別湖寧靜的湖畔擁有豐富的生態系統，是它為人稱道的魅力，

近年來，又增加了一個新景觀，那就是「湖底鐵路」。鐵路從湖岸向近海延伸，約30公尺，功用是在冬季結冰前，拉起觀光船。湖底鐵路是北海道人民為了保護環境，避免不必要的破壞才應運而生。湖水清澈見底，小魚在淺水區游來游去，也不怕人，太陽下山後，路燈不多，可以看到滿天繁星，湖面也倒映著無數星辰，故又被稱為「星宿之湖」。

北海道 Hokkaido　｜　地　址　ADDRESS　北海道野付郡別海町野付 63

135

野付半島・トドワラ
Notsukehanto・Todowara

野付半島・
TODOWARA 景觀

「野付半島」和千島群島相連的「國後島」僅 16 公里，此地堪稱通往世界的大門，野付半島長期以來一直是愛奴民族的重要貿易路線，它位於北海道最東端，處於知床半島和根室半島之間，全長約 26 公里，在地圖上看起來像個錨。野付半島是日本最大

的沙嘴*。事實上,這裡的整個地區都在下沉,據說未來土地也會消失,但這裡在夏天吹著涼爽的海風,遇到野生動物的機會也很高,依然吸引了許多前來觀賞極地風景的人。

我和大家一樣,將車停在野付半島自然中心,步行穿過因海平面上升和沙嘴沉降而被海水侵蝕的庫頁冷杉森林,枯樹林立,運氣不錯地看到了一群蝦夷鹿和白尾鷹,這就是北海道的原始魅力吧。

●● 豆知識 —————

· 何謂沙嘴?

泥沙被海浪打上岸後,在日積月累的堆積下,海岸變成長條狀的凸出地形。

136

天国に続く道
The Road to Heaven

天堂之路

今生最感動的筆直道路第一名就在這裡！「天堂之路」似乎永無止境地延伸到遠方。其實這是一條約 18 公里的路段，路的盡頭看起來像是通向天空，所以被賦予了這個暱稱，聽起來有些誇張，但在北海道，所有的規模都向上加倍，站在這條路上放眼望去，路面雖高低相間，但道路卻猶如射出的箭一般，一直延伸到遠方的天地交會處。

● 豆知識

· 北海道的區域劃分

北海道土地面積大，分區的方法有好幾種，
常見以北海道支廳為準來分區。網走、北
見、紋別也被稱作「鄂霍次克地區」或「鄂
霍次克圈」，其實並沒有統一的規定。以
下則是北海道居民經常使用的分區法。

· 道央：石狩（札幌等）、空知、伊布里、
　　　　日高、下邊（小樽等）
· 道南：渡島、檜山
· 道北：上川、留萌、宗谷
· 道東：網走、十勝、釧路、根室

SHIRETOKO
知　床

知床半島位於北海道的最東端，又稱「熊之國」。半島中央，以伊奧山和羅臼山為中心，平地很少。知床的群山是秀麗的寶庫，像脊梁一樣貫穿知床半島的高山、浮著流冰的海洋，被稱為「北海道之角」。陸地和海洋交織出豐富生態系，即使在處處與自然共存的北海道也是獨一無二的。此外，孕育著珍稀動植物的自然環境得到了高度評價，被登記為世界自然遺產。

知床半島可以見到許多瀕危物種，蝦夷鹿和棕熊有知床之王的美稱，虎頭海雕和白尾雕則在冬季出現。魚鴞（世界上最大的貓頭鷹）和稀有的眼鏡海鳩都棲息在這裡，夏季可以觀察到抹香鯨，抹香鯨可以潛入 1,000 公尺深哦。這裡也是秋季逆流而上的鮭魚的豐富漁場，是動物很重要的棲息地。

知床日文發音為「Shiretoko」（しれとこ），源於愛奴語「SIR ETOK」，意指「世界的盡頭」或「大地突出之處」。戰前戰後，政府派出數個拓荒團體前往知床，但能進入的卻寥寥無幾。知床的土地不適合耕種，氣候惡劣也不適合居住，拓荒家庭不得不放棄耕種。即使在今天，道路雖一直延伸到半島中部，知床岬周邊地區也無人居住，正是荒涼的地形和惡劣的氣候留下了豐富的自然環境。

每年4月下旬至11月下旬積雪融化時，知床開放觀光。冬天還有流冰等特別的景色，但如果是自駕遊的話，推薦5月上旬至6月上旬，因為可以看到知床山脈的殘雪，同時，綠芽和群山一起變色。如果想觀賞湖水與白雪皚皚的知床山之間的美麗對比，最佳時間則是6月底。

初次來到知床的我，在這裡唯一的臺灣籍導遊藍屏芳女士幫助下，探索知床的神祕與美麗，她特地寫了這段話要給臺灣的讀者：

「大家好！作為日本最後祕境的橋梁，我在世界自然遺產當嚮導。北海道的知床作為日本四大世界自然遺產之一，因著高緯度邊境的地理位置堪稱是日本最後的祕境。這裡匯集了冬季從北方海域漂流而下的流冰，豐富的養分孕育了被北海道愛奴族視為神明化身的棕熊、虎鯨以及島鴞貓頭鷹等野生動物。因此知床作為動物的棲息地，保留了絕大多數自然生態原始的樣貌，這裡甚至可以說是野生動物的國境。

我作為知床五湖的生態嚮導，長時間投身於知床半島的自然環境內學習與累積經驗，藉由語言及文化的轉譯，帶著大家拜訪野生動物的居所。在這裡並不是『觀賞』自然生態，而是近一步地『認識』並且學習尊重自然以及和平共處。我希望生態導覽不單只是一次性的行程，而是一場與自然的對話；在這裡學到的保育觀念，更是一份北海道知床要送給來訪者的禮物。」

藍屏芳

「LANTOKO 知床生態旅遊」導遊
Instagram：@lantoko.tour
Mail：Lantoko2021@gmail.com

137

知床峠展望台
Shiretoko Pass Observatory

抵達知床前，先來到知床的最高峰「羅臼岳」來打個招呼吧。「知床峠展望台」能夠
眺望山的正對面，就在知床橫斷道路的頂端，海拔738公尺，最遠能可以看到國後島。
因為自然環境相當嚴苛，冬季的10月下旬到4月下旬都無法通行，通行期之短，被
稱為「日本第一」，伴著山與風的知床之旅就在這裡展開囉。

138

知床五湖
Shiretokogoko

北海道斜里郡斜里町大字遠音別村字岩宇別

造訪知床的人一定會在這裡停駐的人氣景點「知床五湖」。知床山線的環繞式全景盡收眼底，能在美麗大自然中漫步於湖畔。這裡也曾有過環境顯著被破壞的期間，但在自然保育的意識提高，各種環保意識的宣導，加上棕熊活動期間限制進入、導入收費制度等等措施，以知床五湖的田間小屋為中心，架設了供棕熊使用的空中走道、展望台等等設施都齊備後，一步步摸索著探尋出此地對人類、棕熊以及湖區最適合的使用模式。

●● 豆知識

・知床五湖的「高架步道」和「地面通道」

從田間小屋開始的高架木路,是一條單程 800 公尺,往返 1.6 公里的固定路線。這裡在開放
期間可免費通行,坡度設計得很平緩,即使是坐輪椅和嬰兒車的人也可以安全通過,這是一
條只能看到 1 號湖的路線,往返大約需要 40 分鐘,推薦給時間有限的人參觀。另一種步行
方式是地面長廊路線,可以用與平視的視角觀察五湖周圍的自然風光,適合願意花時間四處
踏勘、學習的人。

139

北海道斜里郡斜里町遠音別村

カムイワッカ湯の滝
Kamuiwakkayu Falls

神之水溫泉瀑布

「神之水溫泉瀑布」是藏在知床的祕境之一。從知床五湖出發，按照指示牌，沿著碎石路行駛約 20 分鐘，只要慢慢前進，絕不會錯過這裡的停車場，但別忘了要準備一套替換的內褲，因為從前面走回來的每個人的內褲都會濕掉，如果沒得換，可能會後悔一輩子。瀑布周圍沒有扶手和樓梯，相當於走在瀑布中間的緩坡上，心情馬上回到小時候，變成要去冒險的小朋友，真是久違的悸動。依照參訪季節的不同，也可能會因土石崩裂等原因而限制進入，但如果能成行的話，請用全身來感受這種體驗吧。

140

愛奴旅館 酋長之家

アイヌの宿 酋長の家
Ainu Inn Of Shucho No Ie

尋找紀念品是旅行的一大樂趣，我推薦知床宇登呂的酋長之家。在店內眾多的愛奴相關商品中，印象最深的是「マキリ」（Makiri），這是愛奴民族使用的短劍，也是日常生活中不可缺少的東西之一，主要用於處理魚類和採摘野菜。刀柄是主人雪尾先生從零開始手工雕刻出來的，許多愛奴圖案被應用到刀鞘上，其中，以魚鱗為靈感的纖細圖樣最為精美，叫人屏息。

MOUNTAI

東の山岳

N · Y A M A

山岳絶景 13 選

PLACES WHERE SPIRITS LIVE · THE BEST 13 MOUNTAINS OF EASTERN JAPAN

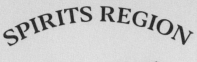

SPIRITS REGION

山岳

INDEX NO.141-NO.153

關於日本山岳

「要怎麼邁出這一步呢？」

我愛爬山，一步一步，觀察著腳下的岩石或樹木的根部，眨眼間就有無限前進的可能，卻必須馬上選擇其中一個答案（路徑），才能跟夥伴們一起往山頂前進。這條路安全嗎？不會被困住吧？雖然擔心，但不管到哪，都有風景可看。山也是十人十色，如同人生，每個人都有自己眼中的風景、腳下的路。特別像我這樣登山經驗還不多的人，對我來說，登山的起點，就是能對陌生人說出一聲：「你好！」在不同的情境中，「山」讓我們的心熱了起來，這就是我想在日本找尋的感動。

日本是世界級的森林國家，生活在日本的我們或許習以為常，但日本的森林覆蓋率是 67%，世界平均的森林覆蓋率卻只有 30%，國土海拔低於 100 公尺的平地約占四分之一，也就是平地較少的意思。日本狹長的南北向列島中，橫跨了好幾種氣候區，從亞北極到亞熱帶，可以觀察到豐富的生態，充足的降雨量滋潤草木，四季幾乎均等而分明，春夏秋冬為山岳增色，日本的美與自然緊密相連，也因為日本素來信仰山岳是神靈的化身因此心存敬畏，山林才能不受侵擾至今。

自古以來，日本與山的關係就與西方迥異，西方人認定山岳是險惡的，登山是為了克服恐怖。日本則是將山當作信仰的對象，將山視為有神明的地方，也是授與眾多生命的所在。

也不能忘了地球的脈動「火山」，日本的活火山有 108 座，占了世界的 7%，火山與時代一同改變地貌，有時也會背叛人類造成災難，有時會與人類分享資源。岩漿加熱了地下水而造成「溫泉」，在熔岩噴發凝固後形成具有高低差的

熔岩地形上出現「瀑布」等等，這些日本不能欠缺的代表性景觀，都是火山的傑作。

不同的人抱著不同的原因接近山：「想去沒有光害、可以觀星的場所」、「因為父母以山岳為我命名」、「山上似乎能更接近我天國的家人」等等，每個人都透過登山，與不同的故事相遇。想更親近山岳的我，每天都想著要去哪座山呢？我心裡懷抱著巨大的期待。

最後，登山並不是觀光。

令和元年發生的山難中，受傷、失蹤、死亡的登山事故，超過了1千件。登山前一定要確認道路、準備適合的服裝、計算往返時間、準備乾糧和水。現代人有很方便的登山 APP 可用，好好活用這些科技，確認天氣、收集當地的相關情報，選擇自己能力所及的山吧！現在我要以東京為軸心，為大家介紹在關東附近適合一天來回的山岳。

在這之前，一舉公開關於日本山岳的小知識：

⬤ 豆知識 1

· 山的量詞：

日本與臺灣同樣使用「座」，使用的由來聽說是「山是神明的寶座」。

⬤ 豆知識 2

· 世界最危險的日本山岳「谷川岳」：

1931 年起，全世界的「遇難者」紀錄中，截至 2012 年時為止，谷川岳的山難死亡人數為 805 人。聖母峰等世界 14 座 8,000 公尺以上的山岳合計起來的山難死亡人數約為 640 人。日本的百岳之一谷川岳，竟比世界 14 座最高峰加在一起的殺傷力還強。

豆知識 3

·受困時，就往山頂爬！

登山新手受困時，常會認為「下山才能得救」，但這是個致命的迷思，往下走等於是走入更深廣的山中，更容易遇難。若是受困時天黑了，則不要移動，就近找個可以避風雨的安全處度過一夜，這樣單純的行動會確實提高存活率。

豆知識 4

·在日本，營救山難者，要花多少錢？

舉例來說，以「登山中迷路了，正在徘徊慌張時，跌倒受傷而無法自行脫困」的情況，營救山難的相關單位，包括警察、消防、自衛隊（近海還有海上保安廳），有時也會借助民間單位，如地方上的山岳會等等。

日本官方的國家單位與民間的營救單位有很大的不同。如果能用手機聯繫上警察，警察會使用直升機搜救。然而，此時很難說會是由哪一方出動，直升機的費用是 1 分鐘 1 萬日幣，如果起飛到遭難地點費時 15 分鐘，費用就是從 15 萬日幣起跳。搜救隊則是每人需支付 2 ～ 3 萬日幣的費用（含交通、飲食、住宿），隊員人數也跟山難發生所在的山岳規模正相關。

運氣不錯的話，也許搜救隊出動 1 小時後就找到傷者，直升機的費用大約 60 萬日幣，救助隊隊員如果以 50 名計，算起來，1 小時的救助費用共計 160 ～ 210 萬日幣。雪地山難的救助費用則有可能超過 300 萬日幣。出動救援隊如果來自公家機關，當地的自治機構會用稅金來負擔；如果是民間機構，當然就會向遇難者本人請款。雖然是很嚴苛的條件，但畢竟人命關天啊！考慮到這些，登山前一定要準備萬全。

豆知識 5

·山之日：

日本將每年的 8 月 8 日定為「山之日」，是「親近山、感謝山的日子」，這是 2016 年才誕生的新節日。當初促成這個紀念日的理由是，既然有「海之日」，也應該制定「山之日」。

豆知識 6

· 日本最高的山，Best 3：

金：富士山（静岡縣、山梨縣／ 3,776 m）
銀：北岳（山梨縣／ 3,193 m）
銅：奧穂高岳（長野縣／ 3,190 m）

豆知識 7

· 日本最平緩的山，Best 3：

金：日和山（宮城縣／ 3 m）
銀：天保山（大阪市／ 4.5 m）
銅：弁天山（德島縣／ 6.1 m）

豆知識 8

· 日本最低矮的活火山：

笠山（山口縣／ 112 m）

豆知識 9

· 山最多的縣市，Best 3：

金：北海道 1,281 座
銀：新潟縣 943 座
銅：岩手縣 887 座

豆知識 10

· 山最少的縣市，Best 3：

金：千葉縣 62 座
銀：大阪市 102 座
銅：沖繩縣 107 座

141 高尾山
Takaosan

東京 Tokyo ｜ 東京都八王子市高尾町

142 御岩山
Oiwasan

茨城県日立市入四間町

茨城百景之一，也是御岩神社內的神山「御岩山」（別名：賀毗禮山），山前有三株大杉樹，被稱為「御岩山三本杉」，樹齡約有 600 歲，樹高約 61 公尺。這裡還保有信仰的力量，被稱為最強的能量景點。

雨後的露珠在新綠的苔蘚上流轉閃耀，安靜的神社境內只有我們的腳步聲，杉樹與密林的守護下，這裡即使是白天也不透天光，然而這份幽暗也很有魅力。

山中處處有參拜的小殿，薩都神社中宮如有神明存在似的，讓人感到敬畏。據說御岩山存在著 188「柱」不同的神明，日本神明的量詞是「柱」，原因是樹木有靈，而柱

意味著不動之木。正因為御岩山神靈眾多，所以自古傳說，來到此處訪問一次，就能參拜到日本大多數的神明。然而這裡不只是神明的家，也是日本之美登峰造極的場所。

山頂的奧之宮曾發掘出繩紋時代在此祭祀的遺跡，在這個遺跡處遠眺時，心裡的成就感倍增。迎著風，看著綠地，還觸摸得到山，快來爬上這座海拔 492 公尺的修練之山，令心中的雜念全都飛逝而去吧。

---

143 御岩山・御岩神社
Oiwasan・Oiwajinja

茨城県日立市入四間町 752

「我從宇宙向地球眺望，看見日本有光柱冒出。試著調查後，發現那是日立山所在之處。」

——日本太空人 向井千秋

144　谷川岳
Tanigawadake

一直都是美不勝收的風景！

這次要來挑戰「谷川岳」，位於群馬縣和新潟縣交界的上信越國立公園，擁有 2 個頂峰的雙耳峰，美景的另一面卻是死亡事故居高不下的事實，除了基本的登山準備外，一定要用心確認天氣預報再上山！

在空中纜車的天神尾根站下車後、躍入眼簾的就是山勢險峻的白毛門笠岳，視野開闊，就這樣沿著風景良好、路況很棒的健行步道前往步道終點「熊穴澤避難小屋」，這段路相對輕鬆，接下來就是本格派的登山路程，登頂前，裸露的岩壁很多，稍微不注意就會受重傷的危險區連續出現。但這裡的風景令人毫無怨言，甚至心生感動，滿眼都是平地見不到的高山植物、還有隨著季節染上的繽紛山色，都是壓倒性的絕美風景。

抵達雙耳峰正面的耳朵「外間之耳」（ト

マノ耳），在這裡就滿足地折返的人也很多，但往上 10 公尺就能抵達「沖之耳」（オキノ耳），在那裡能看到全景的紅葉，置身幻想般的紅葉世界中，而從這裡往東，則是著名的「一之倉澤」。一之倉澤躋身日本的三大岩壁之一，多數的遇難事件都發生在這地方，還被稱為「魔山」，然而喜愛日本山岳的登山家們不可能無視它的美，大家對谷川岳的挑戰只會繼續下去吧。雖然登山也得等天公作美，但如果能登上這裡，絕對會是刻骨銘心的感動。

🚩 這次的路線

谷川岳駐車場→谷川岳纜車→天神平站（海拔 1,320 ｍ）→乘電梯‧天神尾根站→熊穴澤避難小屋→肩之小屋→山頂‧沖之耳（海拔 1,963 ｍ）→天神平站下車（回程不使用電梯）

埼玉 Saitama 　地 　址 ADDRESS 　埼玉県日高市清流

日和田山
Hiwadasan

145

叫人心滿意足！

深受縣內縣外的登山客喜愛的「日和田山」，是埼玉縣日高市的象徵，名列奧武藏山之一，日和田山海拔 305 公尺，最近的車站是西武線的高麗站，從高麗站到山頂約 2 公里。從這樣的數字應該就看得出來這是很適合新手健行的一座山。這次我從高麗站出發，經過 3 座山峰，抵達藏橫手站，來記錄一下這裡的魅力吧。

＼魅力１／從海拔中想像不到的岩壁
日和田山本身是座石灰岩山，向金比羅神社前進的途中，有不少岩壁，陡峭處樹根交錯，角度刁鑽，路線分為「男坂」與「女坂」，想考驗自己的人可以選擇挑戰男坂，考驗自己的體力與膽識，也可以選擇走女坂，安全又愉快地通過，心情也會很好。

＼魅力 2 ／ 金比羅神社的鳥居可眺望絕景

一旦通過岩場，就抵達日和田山視野最良好的金比羅神社。在山岩頂端處的鳥居，每個人都坐下來拍照，又笑又鬧，這就是登山攻頂的醍醐味。走到這裡所需的時間大概1 小時，很有登頂的成就感，也可以進入收藏陀羅尼寶書的寶篋院塔，眺望日高、越生一帶的景色。

＼魅力 3 ／ 日和田山、高指山、物見山縱走

登頂後一般都選擇原路折返，但日和田山比較特別的是可選擇直接攀登下一座山，而且這次恰好是春天，適逢彼岸花的花季，還有路旁的紫羅蘭、日本鳶尾花成片盛開，幽密的樹林中梅樹、辛夷、櫻樹、連翹等等也都開著花，高大的杉樹群並立，有許多可觀之處，想拍照的人可以多留一些時間在這裡慢慢拍攝。

＼魅力 4 ／ 北向地藏

名實相符的北向地藏面朝北邊悄悄佇立，雖然是座小小的地藏菩薩，但傳說能防止疫病蔓延、也會幫助有情人能相會，我對沉靜的菩薩與一旁千羽鶴雕飾一併行禮。

魅力 5／五常瀑布洗滌心靈，日和田山全程完走

清冽高貴，彷彿有仁、義、禮、智、信五德兼備般的瀑布，被名為「五常瀑布」。瀑布高達 7 公尺，水勢與角度略有彎曲。瀑布前祭祀著不動尊者，深得本地人的信仰崇敬。五常瀑布的入山時間從 9 點到下午 2 點 30 分。入山需付費，前往之前，請先確認當天是否開放。

以上就是日和田山的小筆記！這裡也曾在登山漫畫《推薦的山》中登場過，山麓上的巾著田是賞花的知名地點。日和田山不能說是知名度最高的山，但對當天來回的行程來說，非常適合一遊，請來親近埼玉的山吧。

♪ **這次的路線**
高麗站（西武線）→日和田山頂（海拔 305 m）→高指山→物見山（海拔 375 m）→五常瀑布
→武藏橫手站

神奈川 **Kanagawa** | 地　址
ADDRESS 神奈川県伊勢原市大山 574

大山
Oyama

146

山頂殘雪未融時節，來到神奈川縣的丹澤山地參訪「大山」。前往大山的登山口有條「陀螺參道」*，這裡有著名的豆皮等豆腐料理，充滿日本往昔的風情，令旅人的腳步不知不覺地邁向參道上的伴手禮商店，拾級而上，很快就來到纜車乘車處。

大山屬於丹澤山山系，與其他山相連，因此登頂路線也很多，登山口就在阿夫利神社下社旁邊，然而登山前，下社正殿有大山的「名水」湧出，是能飲用的神泉，不喝就太可惜了。神社左側的山道很陡，一開始就進入正統的登山模式，從這裡到山頂之間，幾乎沒有平坦的山路可走，最好備好登山手套。樹齡約 500 ～ 600 年的「夫婦杉」、「天狗鼻突岩」等，或是好天氣時能眺望富士山的「富士眺望台」，按照自己的步調，可以選擇在這幾個地方坐下來休息。山頂則是看得到市中心、相模灣的高處，晴朗時能看得到東京天空樹。

● 豆知識

・陀螺參道

日文為「こま參道」，「こま＝獨樂」，「獨樂」就是陀螺，取其迴轉的意思，金錢會翻倍，好運翻倍，人生轉好，帶來幸運的象徵。

🚩 這次的路線

纜車大山站→阿夫利神社下社（海拔 678 m）→本坂→山頂（海拔 1,251.7 m）→獨樂參道下山

御岳山
Mt. Mitake

147

奥多摩的「御岳山」，從江戶時代起這裡就被視為靈峰，也是「御師」*聚集的聖地，適合以朝聖的心情往山頂前進，這裡跟高尾山一樣有登山纜車可抵達，還有遊客中心可諮詢，這條節省體力與時間的路線大受歡迎。經過樹齡千年的神木「神代欅」以及 300 階以上的石階後，來到山頂海拔 929 公尺的「武藏御岳神社」，眺望點「長尾平」，還有大小不一落差達 50 公尺的 8 座瀑布合稱「七代瀑布」，御岳山的景點任君選擇。

也因為在登山之外，還有許多可觀之處，所以不管是攝影家、還是一般民眾都能各取所需，這裡被視為野鳥、昆蟲、植物的寶庫，若只是想在大自然中深呼吸，淨化身心也很棒。我印象最深的則是從斷崖突出的「天狗岩」，以守護者之姿佇立在御岳山的模樣令人難忘。東京雖有千變萬化的模樣，然而御岳山擁有東京獨一無二的一面。

● 豆知識

・御師：

是一種神職人員，為登山參拜者服務。目前在御岳山仍有 31 戶的御師，其他的居民還經營名產店、食堂等等，大約有 40 戶人家，共 120 個居民，構成了天空之町。

🚩 這次的路線

登山纜車御岳山站→御岳山遊客中心→武藏御岳神社→長尾平→七代瀑布→天狗岩→登山纜車御岳山站（在天狗岩可先查天氣）→礫石花園→綾廣瀑布→（任意前往）登山纜車御岳山站

日和山
Mt. Hiyori

148

雖是日本最平坦的「日和山」，仍能享受登山樂趣，位於宮城縣仙台市，從登山口的看板起算，只有 6 段台階而已，每年 7 月 1 日也跟日本第一高山富士山同一天舉行「開山」式，吸引了很多登山愛好者。「日和」的原意是觀測天氣是否晴朗，全國各地、尤其是海邊常有叫做日和山的地方，這是因為開船出海之際要先找個地方觀測天候，才會用這個名字，其中也有人造的觀測點。宮城縣日和山的由來說法不一，傳說是明治 40 年左右，當地漁夫為了觀測天氣才建造的。2011 年 3 月 11 日仙台大地震，附近

的仙台港有 7 公尺以上的大海嘯，蒲生地區的多數民居毀壞、居民遇難。日和山本来海拔 6.3 公尺的山體也大大減損、流失。

2014 年，國土地理院測定日和山海拔 3 公尺，日和山與地方上的居民一同在 311 後重新出發，目前擔任的新工作是傳送防災情報，也成為災後復興的一員。

●● 豆知識 ────────────────

· 如何證明自己登上日本第一平緩的山：

仙台市高砂市民中心（仙台市宮城野區高砂一丁目 24-9，週一公休）與日和山距離車程 15 鐘，這裡可以領到「日和山的登頂證書」，憑著在日和山頂拍攝的照片就可以免費取得這份大受歡迎的紀念品。

●● 豆知識

・日本百名山：

日本登山家、小説家深田久彌（1903～1971年）的山岳隨筆中所記載的100座山。

・日本百名山的選定基準：

①山的品格：無論誰都會感動的山。
②山的歷史：與人文演進深刻相關的山。
③有性格的山：山形、山上的自然現象、相關的傳統等等，屬於這座山的特色。

筑波山
Mt. Tsukuba

149

能量景點的天山，曾和富士山並稱為東國的名山，現在則是關東平原唯一名列於「日本百名山」*的山脈，登山步道四通八達，海拔都是 800 公尺，全部可通往御幸原。其中的 3 條路線被認定為首都圈自然步道，適合與親朋好友一起快樂地健行。我這次選擇的路線是「御多津石」，從都内搭電車換乘巴士往「杜鵑丘 Garden House」（御多津石路線）或往「筑波山神社」，兩者都能抵達登山口或登山纜車車站。

筑波山曾是信仰中心，現在也是歷史上的自然里程碑，細數起來，有樹齡 800 年的巨木「紫峰杉」、「男女川源頭」，以及男體山山頂附近的「立身石」、巨石、奇岩群，處處都值得駐足。筑波山神社主祭的男女二神可祈求夫婦圓滿，拜殿中的隱藏著大鈴與心型的紋樣，還被登錄在日本夜景選，可說是有多重身分的筑波山，不失為擁有 3 千年信仰的歷史的靈峰，每天都有人在這裡舉行結婚儀式、尋求姻緣，或祈求交通安全、去除厄運等等，所以一定要到訪筑波山哦。

這次的路線

杜鵑丘停車場→弁慶之岩→女體山（海拔 877 m）→幸原→男體山（海拔 871 m）→筑波山神社

埼玉 **Saitama** | 地　址
ADDRESS　埼玉県秩父郡小鹿野町般若 2661

般若山
Hannyasan

150

一跨入山門就開啟了不可思議的世界，這裡是埼玉縣的祕境，秩父觀音靈場 32 番禮拜所「般若山」。沒有人煙的路上突然冒出法性寺的山門，叫人胸口撲通撲通地直跳，可怕的大型般若面具也令參拜者冷汗涔涔，趕緊打直脊背。

本堂「秩父觀音巡禮」與周邊的樹木共存而建，仍然像御朱印所描寫的那樣溫柔明媚。裡頭有一條直路，那就是般若山登山口，雖說是登山道，但彷彿毫無人跡，幾乎像自然原生的小徑一般，寬度可容一個成人通過，般若山的特色就是兀自而立的「大日如來」，不太遠的距離內就有不少可觀的景點。

只要有穿登山靴、帶登山鎖，僅需一個落腳處借力就能登上的「龍虎岩」，岩壁的空洞處有個小祠，「御船觀音」立在前面的斷崖上，可以一覽秩父方向的全景，看著埼玉縣出身的好友滿足地眺望風景，是我這次最大的收穫。

般若的表情

乍看之下會因為恐怖的表情而誤認成男性，然而般若是「女性的鬼」，嘴裡長出尖牙、頭上長角，臉上除了激烈的憤怒，眼光還留有悲哀，般若面具表達了女鬼的兩個面向，除了不情願地化身成鬼而感到羞恥，也有遭到背叛的人類獨有的哀戚。

● 豆知識

· 「般若」是什麼？

般若就是「佛的智慧」。智慧除了指人間的學理外，也有聰慧的意思。般若則是古印度傳來的佛教用語，音譯寫成漢字。

千葉 Chiba ｜ 地　　址
ADDRESS　千葉県安房郡鋸南町鋸山

鋸山
Nokogiriyama

151

擁有日本最大的大佛「磨崖佛」*坐鎮的鋸山，從明治時代以來就是房州石的產地，以前住在鋸山附近的居民大概有 80％從事石材產業，而鋸山的「地獄圖」、「百尺觀音」、「藥師琉璃光如來」也是百聞不如一見的三大絕景。看著廣袤的絕壁，令煩惱如灰塵般一掃而空。我讀大學的時候為了一睹它們的風采，好幾次跨過東京灣來到這裡，只為了沉浸在銼刀與舊採石場創造的石壁世界中。從首都圈出發可以一日來回也是它的魅力之一。搭乘登山纜車或開車到鋸山山頂的停車場，可以直接到山頂附近，但鋸山上全都是台階，一定要穿好走的鞋喔。※需付費參觀

● 豆知識

· 磨崖佛：

在自然的巨石或岩壁上雕刻而成的石佛，分為 3 類：立體而可以移動，石壁上的浮雕，或是在石窟內雕刻成的。

樽前山
Tarumaesan

152

彷彿月球表面般荒涼的「樽前山」，山名源自愛奴語，原意為河岸的高處，又曾被叫做燃燒山，時代變遷，地名也變了，喜歡歷史的人會覺得有趣吧。

樽前山與千歲機場、苫小牧市形成一線，位置很方便，而且可以從機場一直開到七合目停車場，然而這裡可是世界罕有的三重活火山喔。

海拔僅1,041公尺，卻擁有70種以上的高山植物，能俯瞰支笏湖，明治42年（1909年）噴發時形成新的火山口「樽前圓頂」，等於火山口中有個小火山口，樽前圓頂迫力十足，規定禁止進入，但可以繞著外輪的大火山口走一圈，風可能會把沼氣跟瓦斯吹過來，請特別小心（樽前山的噴火警戒 * 約為一級）。11月到5月冬季封山，北海道有各種吸引人的地方，異世界般的樽前山也是一個選擇。

● 豆知識

· 日本各地的火山依照噴火警戒（日本基準）分級如下，要攀登活火山之前請確認：

【噴火警戒一級】
火山活動很穩定，有狀況才會禁止進入。
※火山爆發難以預測，即使是一級警戒也
不保證安全喔。

【噴火警戒二級】
火山口周圍不得進入。

【噴火警戒三級】
禁止入山。

【噴火警戒四級】
呼籲附近民眾離家避難。

【噴火警戒五級】
非常緊急狀態，附近居民必須強制離開。

薇的居所 SPIRIT

青森 Aomori ｜ 地　址 ADDRESS　青森県陸奥市田名部宇曾利山 3-2

恐山
Mt. Osorezan

153

「恐山」被列為日本三大靈山 * 之一，傳說此地瀰漫著恐怖氣氛，還設有三途川等設施，其實恐山本身是個海拔 879 公尺的活火山，最後一次爆發大約 1 萬年前的事了，目前在破火山口湖的周邊仍能觀測到火山的活動。恐山最大的火口湖稱為「宇曾利湖」，如大海般的靛藍色湖水，岸邊還有白沙，然而這份美麗藏著危險——宇曾利湖的水質為強酸，水面可見有碳酸泡泡湧出，踩著白沙在湖畔散步無妨，接近湖水或靠近火山是很危險的。這裡地質奇特，有好幾處「地獄」，硫磺的氣味很強，可說是冒著地獄的氣味，通過數個地獄、三途川，就能走向極樂世界，想拜訪這裡的話，就對來世抱著信心而來吧。

● 豆知識

・日本三大靈山：

有各種說法，但大部分是指滋賀的比叡山、和
歌山的高野山、青森的恐山。

大和之東

跨過 1 萬 2 千公里、費時 339 天、記錄了日本 47 個不同的都、道、府、縣，
期間不知不覺迎來了我的 33 歲生日，但是卻沒有做了大事的成就感，因為
在求知的旅程中，走著走著，自己不知道的事物反而越來越多。抵達終點
時，才發現更深遠的事物還在終點背後，隱藏在地平線外，那不可見的未
來還更寬廣，我曾想完美的達成什麼任務，然而看來人生並不是由一件件
的任務組成的。

父母和我都是在東日本這片土地上出生的，因此不管怎麼說，我都非常喜
歡東京。東京市中心的天空因高樓大廈林立而變得狹窄，所以什麼也沒有
的曠野大地總令我心生喜愛；東京無地轉圜的滿員電車讓無人島變成奢侈
貴重的地方。人總是執著於自己沒有的東西，在物質豐富的東京成長的我，
養成了對事物更容易感動的心，講這種話可能會被當作怪人，但是我相信，
就是這樣的我和地球相連成線，每一個點與點之間都負起了連結彼此的責
任，大家就這樣一起構成了這個世界。

站在新的起點上，我回首這一年份的人生，東日本大地震後，看見全世界
對日本伸出援手，學習愛奴先住民族無形的文化傳承，在山林間品嚐著大
地的芳香，接觸到居住在日本各地默默為生活努力的人。這就是我出生的
國家，盡情徜徉在大海、天空和屬於日本的空氣裡，我將美好的事物記錄
下來，走踏在這片大地上，對於織就的過往心懷感謝，才能真正明白當下。
這就是這趟旅程的結論，也是從今以後，支撐著我的人生信念。

人若是逃避了自己認為該做的事，哪怕只有一次，那麼到了真正不得不為
自己奮戰的時刻，又怎麼可能不逃呢？人生有很殘酷的一面，但我相信，
只有通過冒險才能找到令人嘆為觀止的風景。

攝影師 ‧ 旅行作家

小林賢伍

東の大和

走行距離 12,000Km 以上、費やした日数約 339 日、撮影記録した都道府県 47、その間に 33 歳の誕生日を迎えました。驚いたことに達成感は余りありません。何故なら、知らないことを学ぶために歩みだした旅によって、知らないことが増えたからです。ゴールだと思っていた地点の更に奥には、水平線のように見えない未来が広がっていました。私は達成感が欲しかった。しかし、人生にゴールを求めてはいけないのかもしれない。

東日本は私や両親が生まれた土地です。私は東京がとても好きです。東京の立ち並ぶ高層ビルが空の範囲を狭くさせることによって、何もない野原ですら愛おしく感じるようになる。東京のパーソナルスペース 0 の満員電車によって、ひとけがない島にも贅沢さを感じることができる。人は、なんでも無い物ねだり。なんでもある東京に育った私は、多くのことに感動することができるのです。この話をすると変わった人だと思われます。でも、こんな私でも地球を形成する一本の糸、点と点を結ぶ役割がある。こうして、みんなが一緒に世界を作っている。

新たなスタート地点に立った今、この一年と自分の人生を振り返る。東日本大地震で世界が助け合う姿を見た。先住民アイヌ族から無形の文化を伝える物語を聞き、山岳の中で生態系が育む大地の香りを嗅いだ。各地で暮らす人々の暮らしに触れて、わたしが生まれた国で空も海も空気も目一杯味わった。わたしは美しい物事を記録したい。地に足を着け、紡がれてきた過去に感謝し、今を知る。それが、この旅の結論であり、これからの人生の柱だ。

自分が「そうするべき」と思ったことから一度でも逃げたら、きっと本当に戦わなきゃいけない時にも逃げてしまう。人生は過酷だ。でも、やるしかないんだ。息をのむような絶景は冒険をしてこそ現れるのだから。

写真家・旅行作家
小林賢伍

Wander 005

大 和 日 記 東日本

YAMATO DIARY：EASTERN JAPAN

作　　　者　小林賢伍（Kengo Kobayashi）
攝　　　影　小林賢伍（Kengo Kobayashi）
譯　　　者　盧慧心、蔡宜玲
審　　　訂　盧慧心、蔡宜玲
美術設計　謝捲子＠誠美作
特約編輯　黃阡卉、簡淑媛
製作協力　林嘉慶、磯村亮太
副總編輯　CHIENWEI WANG
社長暨總編輯　湯皓全
出　　　版　鯨嶼文化有限公司
地　　　址　231 新北市新店區民權路 108-3 號 6 樓
電　　　話　(02) 22181417
傳　　　真　(02) 86672166
電子信箱　balaena.islet@bookrep.com.tw

讀書共和國集團社長　郭重興
發 行 人　曾大福
發　　　行　遠足文化事業股份有限公司
地　　　址　231 新北市新店區民權路 108-3 號 8 樓
電　　　話　(02) 22181417
傳　　　真　(02) 86671065
電子信箱　service@bookrep.com.tw
客服專線　0800-221-029
法律顧問　華洋國際專利事務所 蘇文生律師
製　　　版　瑞豐電腦製版印刷股份有限公司
印　　　刷　文聯實業有限公司
初　　　版　2023 年 1 月

贊　　　助　NIKON TAIWAN
本書攝影作品皆使用 NIKON Z6 無反光鏡相機拍攝

　· Nikon Z 6
　· NIKKOR Z 24-70mm f/4 S
　· NIKKOR Z 14-30mm f/4 S
Nikon　· AF-S NIKKOR 105mm f/1.4E ED
　· Nikon FTZ 轉接環

旅　　　友　陳俊豪（豪の島）· Yohei · Moriaki
山　　　友　法華貴志 · 佐藤淳 · 長妻芙美子 · 桑原愛 · 谷本悦子 · 石志宏 · Michael Javier
感　　　謝　小林博美 · 川合博司 · 川合武司 · 林晋億 · 侯宜佳 · Ellee Chiang · Jun · Eleanor · Hiro · Atsushi

定價 560 元
ISBN 978-626-96818-1-5　　EISBN 978-626-72430-1-5（PDF）/ 978-626-72430-2-2（EPUB）

國家圖書館出版品預行編目 (CIP) 資料

大和日記 : 東日本 / 小林賢伍著 . – 初版 . – 新北市 : 鯨嶼文化
有限公司出版 : 遠足文化事業股份有限公司 司發行 , 2023.01
272 面 ; 14.8 × 21 公分 . -- (wander ; 5)
ISBN 978-626-96818-1-5(平裝)

1.CST: 遊記 2.CST: 旅遊文學 3.CST: 風景攝影 4.CST: 日本

731.9　　　　　　　　　　　　　　　　　　111018199

*Cover Image:

This cover has been designed by using open access
resources from The Met Collection API and Freepik.
com.

Yamato Diary: Western Japan
Sea Turtle (Emblem of Longevity)
The Met Collection API

Yamato Diary: Eastern Japan
Red-Crowned Crane
Freepik.com

特別聲明：有關本書中的言論內容，不代表
本公司／出版集團的立場及意見，由作者自
行承擔文責。